THE SCHOOL OF LIFE

PAIS SUFICIENTEMENTE BONS

Título original:
The Good Enough Parent

Tradução:
Marcelo Felix

Revisão:
Joana Baudouin

Capa:
Joana Carvalho

Biblioteca Nacional de Portugal – Catalogação na Publicação

THE SCHOOL OF LIFE

Pais suficientemente bons: uma cura para a doença da idealização.
– 1ª ed. – (Fora de colecção)

ISBN 978-989-9124-19-6
CDU 159

Depósito Legal n.º 502994/22

Paginação:
Patrícia Boleto

Impressão e acabamento:
Europress - Indústria Gráfica

para
Minotauro
agosto de 2022

MINOTAURO, uma chancela de Edições Almedina, S.A.
Avenida Emídio Navarro, 81, 3D
3000-151 Coimbra – Portugal
e-mail: editoras@grupoalmedina.net

THE SCHOOL OF LIFE

PAIS SUFICIENTEMENTE BONS

ALAIN DE BOTTON

MINOTAURO

Índice

Introdução

Durante a maior parte da história, as razões por que as pessoas tinham filhos deviam muito pouco aos filhos em si. Tinham-nos porque precisavam de mão de obra suplementar na propriedade, ou porque queriam alguém que cuidasse delas na velhice; porque temiam o julgamento da sociedade, porque Deus ordenou que dessem à luz, ou porque procuravam assegurar a continuidade dos negócios da família ou da nação. A própria criança, com a sua natureza e necessidades únicas, com as suas aspirações particulares de realização, era tipicamente a última coisa em que se pensava. Quando chegava, era frequentemente tratada pouco melhor do que um animal; era muito provável que morresse jovem e ignorada até provar que não morreria — e era obrigada a obedecer e ouvir em vez de explorar e questionar. Pode ter existido, mas não estava remotamente no centro da existência.

O mundo moderno mudou inteiramente essa atitude. Agora vivemos num universo muito mais centrado na criança e estamos profundamente preocupados com o bem-estar e o desenvolvimento dos nossos filhos nos seus próprios termos. O nosso objetivo já não é produzir novos seres humanos para satisfazer as nossas necessidades; é colocá-los na Terra para que prosperem. Interessa-nos o seu crescimento interior e as suas possibilidades autênticas. Como repetem os pais há pelo menos duas gerações, só queremos que sejam felizes.

E contudo, estranhamente, seja qual for em teoria a força do nosso compromisso com os cuidados de infância, nas nossas ações e métodos não temos mostrado imaginação ou profundidade ilimitadas. As nossas capacidades ficam aquém das nossas aspirações. Temos sido lentos a livrarmo-nos de uma confiança ingénua no instinto, agarrando-nos a uma maneira intuitiva de fazer as coisas, e tendemos a desconfiar de qualquer processo de educação excessivamente direto. Muitos de nós continuam a julgar algo ofensiva a ideia de ter de procurar instruções sobre como conversar com uma criança de 5 anos ou como lidar com um adolescente melancólico. Assumimos que havemos de saber. Supomos que sermos pais decentes é algo em que nos vamos orientando, e não algo para o qual nos pudéssemos treinar. Este livro discorda.

Os riscos não poderiam ser maiores. Outrora entendida como uma espécie de longo sonho que nada significava e podia ser esquecido mal terminasse, a infância é agora concebida como um período de importância decisiva, no qual será formada toda a disposição emocional de uma pessoa e determinadas as suas hipóteses de uma vida mentalmente saudável. É a maldição do *Homo sapiens* ter sido sobrecarregado com um período de maturação excecionalmente longo e suscetível. Um potro pode erguer-se sobre as patas trinta minutos após o nascimento, uma aguiazinha dourada cresce em doze semanas, um chimpanzé é adulto em nove anos; mas pode demorar vinte anos ou mais até que um ser humano saiba fazer a sua própria cama ou enfrentar a vida sem ajuda. Isso expõe a nossa espécie, muito mais do que o normal no reino animal, às peculiaridades e caprichos dos pais. Provavelmente não importaria muito se a mãe de um filhote de tartaruga fosse emocionalmente distante ou se o pai de uma águia dourada tivesse uma predisposição para humilhar. Mas a nossa espécie leva muito mais a sério as falhas dos pais. Um momento infeliz entre o primeiro ano de vida e os 9 anos tem o poder de desequilibrar uma existência inteira; um pai depressivo pode debilitar permanentemente a energia que uma criança necessita para ser bem-sucedida.

Essa sensibilidade explica o pavor que acompanha muitos esforços modernos na educação dos filhos. Os pais têm muita consciência, como não a tinham os seus antecessores do século XII, de que as suas escolhas à mesa do jantar ou à hora de dormir podem estabelecer as bases para a sanidade mental e a esperança ou condenar uma criança pelas oito décadas seguintes. Nessas circunstâncias, seria compreensível que alguns de nós procurassem instrução sistemática. O enigma é como se pode esperar que criemos filhos sem ela, tal como não poderemos compreender o trajeto orbital de Júpiter ou a natureza da atmosfera marciana sem dedicar tempo a algumas lições.

Antes de começarmos tal instrução, devemos ousar considerar uma pergunta incómoda: quantos de nós deveriam realmente ter filhos? O tema parece tabu. A suposição das sociedades modernas é que toda a pessoa «normal» deve procurar ter filhos e que nenhum esforço deve ser poupado para capacitá-los a fazê-lo.

No entanto, a sabedoria pode indicar-nos um rumo diferente. Muitos de nós não querem necessariamente ter filhos; apenas sentimos uma enorme pressão para produzi-los ainda assim. Após alguns anos juntos, um casal jovem enfrentará um cerco de perguntas sobre quando estará um bebé a caminho, e pode contar com um julgamento severo se não tiver interesse em tê-lo.

Porém, uma sociedade que amasse devidamente as crianças saberia que o fator que mais contribui para o bem-estar delas é a supressão da ideia de que toda a gente, automaticamente, as deveria ter. Uma boa sociedade atribuiria igual prestígio às condições de ter filhos e de não os ter. Honramos melhor as crianças, tanto as nascidas como as que ainda não nasceram, aceitando que a paternidade e a maternidade nunca devem ser a escolha automática, tal como a maneira mais sábia de garantir que as pessoas tenham casamentos felizes é desestigmatizar a condição de solteiro.

Se ainda não viajámos, se ainda não sabemos o que queremos, se nos custa ficar com alguém por algum tempo ou manter a amizade com essa pessoa quando nos separamos, se gostamos muito de ser admirados, se as nossas verdadeiras paixões estão no emprego, se o propósito da nossa vida é sermos famosos, se não gostamos especialmente de ouvir, se temos dificuldade em estar calmos, se já sofremos muito com os nossos próprios pais, então podemos ponderar se — para ser justo com todos os envolvidos — isso é mesmo para nós. Algumas das melhores pessoas existentes não são pais ideais; os verdadeiramente notáveis sabem isso sobre si mesmos e agem corajosamente com base nesse saber.

Num mundo mais bem organizado, uma parte considerável da população, talvez a maioria, permaneceria sem filhos. Julgariam a vida sem filhos suficientemente desafiadora e gratificante. Quando ocasionalmente se sentissem desejosos de uma criança, teriam muitas oportunidades de passar algum tempo com uma. Assim como os museus nacionais evitaram à maioria de nós a necessidade de possuir pessoalmente obras-primas, também podemos passar uma tarde com um pequeno tesouro pertencente a outra pessoa — mitigando qualquer pressão ou inclinação para arranjar um só nosso.

Aqueles que realmente quisessem ter filhos poderiam ser considerados do mesmo modo que, no século IX, a minoria dedicada que deixava para trás os confortos comuns da existência para se tornarem freiras ou padres. A sua devoção seria admirada enquanto, privadamente, se estremeceria com o preço que ela exigira.

Numa pintura do artista suíço Ferdinand Hodler, uma criança pequena está sentada ao colo da mãe. Esta retira cuidadosamente um pouco de líquido, provavelmente leite, de uma chávena. Todos aqueles que já estiveram numa posição semelhante saberão instintivamente o que pode pesar uma criança daquela idade, que agradável seria segurá-la, que macios seriam os seus cabelos, com que zelo afagariam com a mão o seu peito e que comovente seria o seu fascínio com algo tão simples como uma colher. Mas os pais saberiam outras coisas além disso: quão raros são geralmente esses momentos de paz, quanto demorou a vestir a criança, que zangada ela ficou por ter de calçar botas, quão depressa voltará a precisar de trocar de roupa, quão alto pode gritar, quão pouco reconhecimento se recebe por esse trabalho e quão exaustos (e perto do desespero) geralmente se sentem à hora de deitar.

O mundo nunca é infeliz por causa das crianças que ainda não nasceram; é afligido por crianças que foram postas no planeta sem ninguém para as amar ou proteger adequadamente. Podemos passar com menos crianças; o que precisamos acima de tudo é de pais suficientemente dedicados às tarefas do amor. Este livro é para eles.

Ferdinand Hodler, *Mãe e Filha*, 1888

1.

Lições de Maturidade Emocional

O facto mais básico e de lembrança obrigatória sobre qualquer criança é que ela nasce num estado de imaturidade radical. Não pode compreender a sua condição; não sabe comunicar; não tem maneira de empatizar; não pode deixar de estar confusa sobre as suas próprias necessidades. Ao longo de muitos, longos anos, deve ser orientada para tornar-se aquele ser mais valioso, mas difícil de obter: um adulto emocionalmente maduro.

De forma desconcertante, a distinção entre o adulto e a criança nunca é garantida apenas pela idade. Não pode ser determinada simplesmente olhando para o rosto e o corpo de alguém, muito menos pelo seu estatuto ou profissão formais. Há nonagenários que, em termos emocionais, ainda estão atolados na infância, e crianças de nove anos que rivalizam com muitos pretensos adultos nas suas reações às vicissitudes da vida.

O currículo da maturidade emocional, da jornada entre a infância e a idade adulta, abrange algumas das seguintes transições:

- Um bebé acredita, de forma comovente e inevitável, que é o centro do universo. Um adulto teve de aprender, com considerável tristeza e contrariedade, que outros seres humanos parecem existir também.

- Um bebé insiste, vociferando, nas suas vontades. Nos seus acessos de cólera é tão categórico quanto um imperador furioso. Um adulto teve de aceitar a ideia de compromisso. Aprendeu a ser diplomata. Veio a descobrir que, estranhamente, pode haver outros pontos de vista.
- Um bebé acredita que os outros, à sua volta, serão capazes de perceber as suas vontades e intenções sem que precise de falar, que ser amado significa ser magicamente compreendido, e fica terrivelmente amuado com aqueles que não intuem corretamente os seus propósitos. Um adulto aprendeu o tedioso requisito de falar com calma e explicar o que tem em mente: aprendeu a ensinar ao mundo sobre si mesmo.
- Uma criança pequena não consegue perceber a influência do seu corpo nos seus humores. Não pode descobrir que o seu desespero tem que ver com cansaço ou a sua excitação com excesso de açúcar. Um adulto aprendeu a conviver com o seu próprio corpo; sabe que em certos momentos aparentemente sombrios, em vez de desistir da humanidade e da sua própria vida, pode simplesmente precisar de um copo de água ou de ir mais cedo para a cama.
- Uma criança pequena é uma idealizadora implacável: aqueles que lhe agradam são criaturas maravilhosas a quem livremente dá afeto e ternura. Da mesma forma, aqueles que a frustram arriscam-se a ser encarados como demónios e monstros que merecem ser mordidos ou destruídos. Um adulto percebe que não existem pessoas inteiramente boas ou más; não se apaixona — ou odeia — com tanta regularidade.
- Uma criança pequena imagina que um adulto deve saber exatamente o que está a fazer. Afinal, é tão grande que pode pontapear uma bola muitos metros para o alto e conduzir um carro. Um adulto sabe percorrer um caminho mais subtil entre a confiança e o ceticismo; sabe, com benevolência, que toda a gente, de algum modo, vai inventando à medida que avança.

- Uma criança pequena não está ciente da dor ou transtorno que causa aos outros. É alegre e deliciosamente egocêntrica. Um adulto adquiriu uma noção correta das contrariedades que causa aos outros, especialmente àqueles que ama; pode sentir graus apropriados de culpa; pode pedir desculpas.
- Uma criança pequena tem medos descontrolados e imprevisíveis: de ser comida por tigres, de ser aniquilada por professores, de ser levada pelo vento. Alguns deles são a sua própria agressividade projetada no exterior. O adulto pôs em ordem os seus medos. Tem uma ideia realista do verdadeiro terror.
- Uma criança pequena está muitas vezes ou a chorar ou encantada. É uma criatura esperançosa, constantemente fustigada pelo desapontamento e capaz de lançar-se instantaneamente na raiva ou no êxtase. Um adulto adquiriu talento para a melancolia aprumada, atenuada por um humor sardónico.
- Um adulto não se importa de notar facetas do seu carácter que não são totalmente maduras. Um adulto sabe que, em certos momentos, regressa à infância. Uma criança, especialmente um adolescente, insistirá com veemência reveladora e implausível que ultrapassou completamente a infância.
- Um adulto é alguém que sabe como cuidar de uma criança — sobretudo porque, em alguma altura de um passado feliz, alguém acalentou os seus lados infantis.

Estas lições e muitas outras semelhantes fazem parte do processo conhecido como educação emocional. Para nosso enfado, não podem ser transmitidas rapidamente. Podem levar pelo menos cinco vezes o tempo de aprender e dominar uma língua estrangeira. A paciência, portanto, deve ser um dos pré-requisitos fundamentais de qualquer instrutor parental. O módulo sobre a natureza inflexível da realidade terá, por exemplo, de ser ensinado mil vezes antes de se enraizar: a propósito do olho partido da Nunu, de uma nódoa repentina numas calças favoritas, do fim do tempo de televisão, da infelicidade de ir para a cama, do tédio da longa viagem de carro, da morte da avó, da chegada totalmente desnecessária de um irmãozinho — e de mil outras tragédias, pequenas e grandes, além disso.

Ao contrário do currículo para uma língua, o currículo emocional carece de um cronograma bem preciso. Não há secções claras como as de frações impróprias ou do uso do artigo definido; não se pode limitar as aulas às tardes de quinta-feira ou às manhãs de segunda-feira. Haverá dias em que cinco módulos de aprendizagem terão de ser ensinados separadamente antes do fim do pequeno-almoço, e sem aviso prévio do próximo desafio. A criança está permanentemente no percurso em que se esforça por tornar-se crescida. A cada minuto de vigília, o cérebro jovem avança para se tornar o eu mais maduro que está destinado a ser. Isso não significa que todos acabem por vir a ter maturidade emocional, assim como nem todos os carvalhos chegarão aos quarenta metros de que são biologicamente capazes; significa simplesmente que este é o rumo para o qual uma criança está orientada e pelo qual lutará, a menos que se lhe coloquem obstáculos no caminho.

Vale a pena sublinhar que todos os elementos de imaturidade — egocentrismo, fanfarronice, idealização e por aí afora — são saudáveis em determinada idade. A criança tem de passar por todos os estágios da juvenilidade para um dia assentar numa posição genuinamente madura.

Os pais que conseguem ensinar o currículo emocional não devem esperar prémios especiais ou sinais de gratidão. A recompensa, se e quando vier, será mais indireta, mas por isso mesmo mais sincera: uma prole interiormente viva, que pode ser bondosa consigo mesma e sabe como cuidar de outros, menos maduros e ainda em dificuldades — talvez, de uma forma muito comovente, os seus próprios filhos.

2.
Lições de Amor

Estranhamente, e de modo muito inconveniente, parece que nenhum ser humano pode realmente crescer com inteiro equilíbrio a menos que tenha sido profundamente amado por alguém durante alguns anos da sua infância. Mas ainda estamos a aprender o que pode realmente envolver o amor parental. A palavra «amor» tropeça levemente na língua. Poucos pais — mesmo os mais desagradáveis — negariam que sentiram a emoção profundamente, mas isso não significa que o comportamento amoroso seja mais fácil de perceber na teoria ou exercer na realidade.

Quais, então, podem ser alguns dos princípios do amor dos pais? O começo de uma lista pode ser assim:

SINTONIA

Os pais amorosos descem ao nível da criança — às vezes literalmente, baixando à altura dela ao dirigir-se-lhe — para verem o mundo através dos seus olhos. Compreendem que uma criança muito pequena não se adapta facilmente às exigências exteriores e que, nos primeiros tempos, deve ser-lhe dada prioridade e deve ser colocada no centro das coisas, não para a «estragar», mas para lhe dar uma possibilidade de crescer. As crianças precisarão de ser mimadas por tempo suficiente para que, mais tarde, possam tornar-se adultos generosos, empáticos e satisfeitos. Os pais amorosos percebem instintivamente que o que as crianças que «procuram atenção» precisam não é de castigo e de um sermão por serem difíceis, mas do tipo certo de cuidado sintonizado que irá persuadi-las a cessar os seus pedidos frenéticos de amor.

VULNERABILIDADE

Os pais amorosos conhecem a vulnerabilidade física e psicológica de uma criança pequena e estão prontos para sentir pena dela, em vez de usar a sua fraqueza como uma ocasião para se vingarem das suas próprias privações; sentir pena por quanto as crianças não percebem, pelo quão difícil lhes é comunicar, por quão estranhas podem ser as sensações das suas barrigas ou por quão irritadas podem ficar, sem outra opção de libertação além de um grito. Os pais podem permitir-lhes que sejam pequenas durante muito tempo, pois conseguem avistar, acima do horizonte, o surgimento de um adulto capaz.

PEQUENAS COISAS

Os pais amorosos percebem que a vida dos seus filhos jovens gira em torno de pormenores que são, por qualquer medida adulta, muito pequenos. As crianças sentir-se-ão felizes porque podem enfiar as unhas em alguma plasticina ou ter a possibilidade de bater energicamente com a colher numas ervilhas ou dizer «bah» muito alto; e sentir-se-ão tristes porque o seu coelho de brincar perdeu um dos botões ou porque uma página de um livro favorito agora tem um rasgão. Esses pais saberão que, às vezes, o mundo inteiro parecerá trágico porque o pai comeu uma das batatas fritas por engano ou porque não haverá outra leitura de *Boa Noite, Corujinha*. Os pais suficientemente bons sentem-se engenhosos o bastante para não acusar a criança de estar a fazer um grande caso por «coisa nenhuma». Acompanharão a criança no seu entusiasmo por uma poça e na sua dor por uma meia desconfortável. Compreendem que a capacidade futura da criança de ser atenciosa para com outras pessoas e enfrentar desastres genuínos dependerá criticamente de ter tido o seu quinhão de simpatia por uma série de tristezas apropriadas à idade.

PERDÃO

Os pais amorosos saberão como dar a melhor interpretação possível a um comportamento que possa parecer aos outros infeliz e desagradável. A criança pequena não é uma «desordeira», mas ficou aborrecida com a chegada do seu irmão. Não é «antissocial», mas considera especialmente reconfortante um pequeno círculo de pessoas familiares. Não é um «pesadelo», mas decerto precisa de ir cedo para a cama. Essa capacidade de explicações imaginativas e afáveis irá moldando o funcionamento da própria consciência da criança; ela aprenderá a arte de se perdoar a si mesma. Não terá de se torturar pelos seus erros. Não sofrerá os danos da autoaversão nem nunca, quando fizer grandes asneiras, será tentada a pôr termo à própria vida.

FASES ESTRANHAS

Os pais amorosos sentir-se-ão suficientemente equilibrados para permitir que uma criança seja temporariamente esquisita, sabendo que a chamada «esquisitice» faz parte do desenvolvimento normal. Não se enervarão porque a criança resolveu fingir que é um animal ou só quer comida de cor vermelha, ou tem um amigo imaginário a viver na árvore ao fundo do jardim. O adulto terá fé no surgimento da sanidade e na sabedoria de alguém explorar muitas opções possíveis antes de se decidir pela razão. Será capaz de manter a calma perante algumas birras e obsessões intensas; não precisará de interromper a irreverência a cada passo; será paciente com humores deprimidos e imperturbável com o mau génio adolescente. Saberá em quantos comportamentos estranhos ou infelizes pode ser preciso demorar-se antes de se ser capaz de aceder a uma vida adulta realista. Pelo caminho, os pais não atribuirão rótulos à criança que a possam cristalizar num papel que ela estava apenas a experimentar. Evitarão prudentemente dizer-lhe que é «o zangado», «o filosofozinho» ou mesmo «o gentil»: tal permitirá à criança o luxo de escolher a sua própria identidade.

APEGO

Os bons pais sabem que os filhos podem ficar por muito tempo exageradamente apegados e nunca rejeitará essa necessidade natural de tranquilização com termos pejorativos. Não dirá à criança que aguente e seja um «homenzinho valente» ou uma «mulherzinha de que eu tenha orgulho». Saberão que aqueles que acabam por ter laços firmes e são capazes de tolerar a ausência são os mesmos a quem de início se permitiu tanta dependência e ligação quanto precisavam. Não serão precisos muitos pedidos para ser «valente» junto aos portões da escola.

DINHEIRO

Não importa quanto dinheiro os pais amorosos possam ter, não pedirão à criança que lhes fique agradecida e acredite que tem uma vida «privilegiada» só porque há férias no estrangeiro, dois carros novos estacionados, a brilhar, e uma empregada de limpeza. Nem os pais mais desfavorecidos terão medo de que a criança fique condenada porque as finanças estão apertadas e uma ida ao cinema já seria um mimo substancial. Os pais amorosos sabem que o único verdadeiro privilégio dos filhos é saberem que são profundamente desejados.

PERFEIÇÃO

Os pais amorosos não se apresentarão como incrivelmente fascinantes ou distantes, figuras que uma criança pode ser tentada a idealizar e a fantasiar de longe. Saberão como estar presentes e comuns em casa; circunspectos talvez, mas também de vez em quando resmungões, esquecidos, patetas e gulosos à sobremesa. Os bons pais saberão que os seus caprichos e falhas estão ali para lembrar a criança de se reconciliar com a sua própria humanidade — e também, por fim, sair de casa e continuar com a sua própria vida.

TÉDIO

Os bons pais saberão parecer aborrecidos. Compreenderão que o que uma criança precisa sobretudo é de uma fonte de calma confiável, não de foguetório e excitação (isso ela já tem o bastante na própria cabeça). Os bons pais devem estar ali, no mesmo sítio, a dizer mais ou menos as mesmas coisas, durante décadas. Devem ter o cuidado de ser previsíveis e de omitir os seus humores surpreendentes. A criança não precisa de um quadro completo de todas as perturbações e tentações que passam pela cabeça dos seus cuidadores. Os pais aceitam que «mãe» e «pai» são papéis, e não representações integrais; deveria ser o privilégio de todos os filhos não terem de conhecer os seus pais ao ínfimo pormenor.

AMOR NÃO CORRESPONDIDO

Os bons pais não estão à procura de um relacionamento equilibrado. É um prazer dar unilateralmente. Não precisam que lhes perguntem como correu o dia ou o que acham da nova política do governo sobre seguros. Sabem que uma criança deve poder, no essencial, dar os pais como garantidos. A recompensa dos pais por todo o seu trabalho não será direta; chegará ao perceber, muitos anos depois, que os filhos se tornaram eles próprios muito bons pais.

EXPECTATIVAS

Os pais sensatos sabem que as crianças podem sofrer mentalmente não tanto por serem ignoradas ou maltratadas, mas por serem amadas com uma intensidade excessiva e perturbadora por pais que as usam para compensar desapontamentos das suas próprias vidas. Há infâncias em que, ao chegar, o bebé é anunciado como profundamente excecional. É declarado invulgarmente bonito, inteligente, talentoso e votado a um destino especial. As tristezas e passos em falso habituais de uma vida comum não são para essa criança. Embora ainda não seja mais alta que um pilarete, fala-se dela como de uma figura cujo nome ressoará ao longo dos séculos.

À primeira vista, pode parecer que isso proporciona um caminho para a autoconfiança e a segurança. Mas pôr essas expectativas sobre alguém que ainda luta com os botões do casaco deixa a criança a sentir-se vazia e incapaz. Ela cresce com uma sensação latente de fraude e um medo constante de vir a ser desmascarada. Acaba, ao mesmo tempo, por esperar que os outros reconheçam o seu destino sensacional e completamente insegura quanto a porquê e como poderão fazê-lo. O desejo subjacente da criança não é tanto revolucionar nações e ser honrada através dos tempos; é ser aceite e amada por quem ela é, em todas as suas realidades muitas vezes comoventes, mas banais e inseguras.

HUMOR

Um lar amoroso não é aquele em que há felicidade descomplicada; é aquele em que, pela orientação dos pais, os diferentes membros aprenderam a mostrar uns aos outros uma grande paciência para os comportamentos profundamente irritantes de que sabem serem todos culpados. Para que isso seja possível, a criança precisará ter recebido o perdão dos pais por muitos anos. Os pais precisarão de ter tido uma gentileza indulgente perante mil frustrações e terem transmitido o dom de esquecer uma irritação. Agora, cada um pode considerar o resto da família como essencialmente pateta, mas não má. A neurose do pai, a obsessão da mãe, a rabugice do irmão e a aspereza da irmã serão motivo de comentários divertidos, em vez de raiva ou amargura. A família será um exemplo de loucura tratada e integrada com amenidade.

Dito simplesmente: o amor é o comportamento atencioso, terno e paciente exibido por um adulto durante muitos anos a uma criança que não pode evitar estar em grande parte descontrolada, confusa, exasperante e desorientada. Com o tempo, isso permitirá que a criança se torne um adulto que pode ocupar o seu lugar na sociedade sem demasiada perda de espontaneidade, sem demasiado terror e com uma confiança básica nas suas próprias capacidades e possibilidades de realização.

Deveria ser motivo de consternação global que, apesar dos nossos muitos progressos, ainda estejamos apenas no início de saber como assegurar que todos tenhamos a infância com amor que merecemos.

3.

Lições de Curiosidade

Uma das coisas mais fáceis de esquecer sobre as crianças é que elas são alienígenas recém-chegados de outro planeta. No modo como observam tudo à sua volta, nos seus olhares pasmados para modos de viver e ser que se tornaram familiares e, portanto, invisíveis aos nossos olhos, podiam perfeitamente ter acabado de sair de um veículo galáctico num canto despercebido de algum trigueiral. Vindas de tão longe, tudo na nossa Terra é para elas novo, interessante e merecedor de exame. Nada deve ser dado como certo. Há tantas perguntas a fazer. O mundo inteiro, através das suas mentes ainda intactas, nasceu de novo.

De um modo mais limitado, sabemos pelas nossas experiências de viagem num país desconhecido como, de repente, nos apercebemos e somos estimulados. Uma cena que deixa os locais indiferentes parecer-nos-á admirável e surpreendente. Pouco depois de desembarcar num novo lugar, podemos dirigir-nos às ruas animadas da capital. Podemos notar um homem numa barbearia e refletir sobre como o ritual de barbear parece aqui extraordinário, contemplando-o fascinados no separador central da rua e por isso sendo quase atropelados por uma família numa *scooter*. Pode haver uma loja, tipo caverna, com centenas de espécies de oleaginosas e especiarias em exposição, de uma variedade que nunca imagináramos existir. Ao fundo de um quiosque, duas mulheres podem travar uma discussão apaixonada sobre um famoso cantor local de cuja carreira estelar e vida amorosa exuberante nunca suspeitáramos. Junto a uma barraca de sumo de romã, um homem pode estar a ler um jornal e imaginamos que acontecimentos políticos agitados terão provocado as palavras do cabeçalho na primeira página.

Um pouco de tempo neste novo mundo sugere prioridades e preocupações completamente desligadas das nossas. A terra estrangeira é o símbolo de uma ideia básica: que o mundo é tão maior e mais misterioso do que supomos no dia a dia, que o que sabemos abrange apenas uma minúscula parte do que existe e que, portanto, nunca há uma boa desculpa para nos sentirmos muito aborrecidos ou imaginarmos que percebemos muito seja do que for.

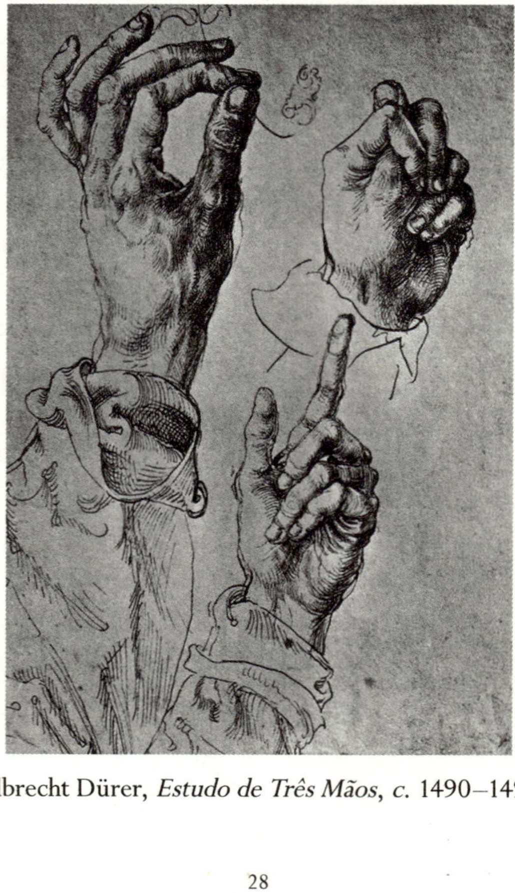

Albrecht Dürer, *Estudo de Três Mãos*, *c.* 1490–1494

Além dos viajantes, o outro grupo que não consegue esquecer o quanto tudo é surpreendente, belo e merecedor de um exame aprofundado, são os artistas. A condição prévia básica de ser artista não é tanto saber desenhar, esculpir ou fotografar; é a insistência em ser maravilhado. Pensemos em Albrecht Dürer no início do século XVI, já com 35 anos, mas a olhar para as mãos como se nunca antes tivesse visto uma. Aprecia, com algo da intensidade de um visitante do planeta Kepler-22b, na constelação do Cisne, a bizarria no modo como os dedos se entrelaçam, como são dobráveis, em que formas e texturas variadas existem, como pode ser diferente a pele num polegar comparada a um dedo indicador, quão expressivo pode ser um nó dos dedos e que maravilhas de geometria complexa se encontram numa palma dobrada.

Ou pensemos no fotógrafo norte-americano William Eggleston, com a atenção retida num café algures nos subúrbios não por qualquer acontecimento político patentemente grandioso ou algum notável local, mas pela visão de condimentos dispostos numa mesa. Uma garrafinha de tabasco iluminada por um feixe de luz revela-se um objeto quase transcendente,

William Eggleston, *Sem título*, *c.* 1983–1986

ao redor do qual sociedades mais devotas poderiam ter decidido fundar uma nova religião; um frasco de picles emerge da sua lente, não menos inspirador do que um frasco para espécimes contendo os membros de um leviatã das profundezas, há muito extinto, nas caves de um museu de história natural.

Tal como os artistas e os viajantes, mas ainda mais, as crianças pequenas não conseguem ver nada como «normal». Notam o botão no nosso casaco e interrogam-se: que objeto deslumbrante é esse (tão interessante, de caras, como um interruptor de luz ou os meus dedos dos pés)? O que lhe permite ficar onde está? Que gosto teria? O que aconteceria se lhe dessem uma facada? Como reagiria se o cobrissem com molho de maçã? Faria barulho se lhe soprassem pelos quatro buraquinhos no centro? Com que força resistiria a um puxão? Depois, há um lápis: por que misteriosa combinação de elementos é que essa engenhoca parece vazar uma linha cinzenta quando pressionada contra o papel, mas larga tão pouco quando pressionada contra um cobertor ou a bochecha da irmã? Importa a direção em que a seguramos? O que aconteceria se a atirassem para o outro lado da sala ou a deitassem silenciosamente na pia?

Todas as grandes descobertas científicas e obras de arte foram feitas por pessoas que olhavam as coisas com a ingenuidade das crianças; inversamente, todo o cansaço do mundo é o resultado de seres humanos com décadas de idade permitirem que o hábito impeça o espanto.

O problema com as crianças é que a sua curiosidade pode ser demasiado desenfreada, indisciplinada e incompatível com o que estamos a tentar fazer, pelo que podemos acabar por preferir-lhe um pouco mais de apatia e mutismo. Também estamos bastante cansados. Irritados, dizemos que é assim que é e sempre foi e és capaz, por favor, de te despachar. Pode parecer mais importante chegar às lojas para ir buscar uma revista do que ficar quase cinco minutos plantado no mesmo sítio, a olhar para uma erva daninha que brota de um muro, como se fôssemos um explorador do século XIX a investigar a flora do Vulcão Chimborazo no Equador. Mas, assim, passamos a mensagem de que ser curioso e acotovelar a aparente «normalidade» das coisas não é uma atividade particularmente estimável. Se uma criança quiser vir a ser como nós, um adulto respeitável e solene, deve maravilhar-se bastante menos e interessar-se bastante mais em avançar com o seu dia.

Na hora de aspirar, a tensão costuma vir à superfície. A criança está, compreensivelmente, deslumbrada. Uma máquina do tamanho de duas almofadas vai soltando um som estrondoso. Na extremidade de uma mangueira um tanto mole, algo vai sugando o ar com uma força aterradora,

Anúncio (Hoover), Anos 1950

mas também hipnotizante. Podemos colocar umas chaves de carro a trinta centímetros da mangueira e elas começam a mover-se pelo tapete e desaparecem prontamente com um som fascinante, *clinc-clanc-clinc-bum*, nas entranhas da máquina. Depois, há um botão que podemos pressionar e todo o cabo emaranhado pelo qual a fera está presa à parede retesa-se e puxa a engenhoca para trás como se fosse um cão furioso com uma trela. A criança está tão petrificada quanto o mais beatífico cliente dos primórdios num anúncio dos anos 1950 — uma época em que a admiração ainda era permitida, pelo menos neste domínio. Contudo, esse dificilmente é o estado de espírito dos pais atarefados, a maldizer o trabalho doméstico, sem grande energia para contemplar o jovem Alexander von Humboldt ou Michael Faraday a remexer no tapete ao lado.

É provável que essa mesma dinâmica se repita em torno dos aviões. Que aborrecidos estamos com essas sujas máquinas e quão revoltados com os aeroportos. Como estamos cansados de anúncios de cabina e mapas móveis, de tabuleiros de bordo e cartões de segurança; que frios os nossos corações à visão dos motores suspensos sob aquelas longas asas flexíveis, a impulsionar-nos sobre nuvenzinhas inchadas como as do fundo de um retábulo de Piero della Francesca. Mas a criança percebeu corretamente que nada aqui em cima é normal e não está prestes a renunciar ao seu fascínio, mesmo que isso signifique soltar um grito ou dois. De um lugar na janela oposta, William Eggleston compreende muitíssimo bem.

Às vezes perguntamo-nos o que os romanos teriam pensado das nossas casas de banho modernas, ou o que um cavaleiro medieval teria pensado de um centro comercial ou de um telefone. Com mais precisão, podemos perguntar-nos o que teria pensado das nossas vidas o primeiro homem ou mulher a surgir do Vale do Rift em África — porque temos à mão, no berço, a nossa própria versão desse hominídeo primitivo.

Cada novo ser humano oferece à nossa espécie a possibilidade de regressar aos princípios fundamentais e repensar tudo do início. Devemos permitir que a criança faça as suas perguntas e ponha na boca o máximo possível e seguro de coisas. E quando não pudermos responder porquê

William Eggleston, *Sem título*, 1971–1974

ou como, em vez de parecermos contrariados ou aborrecidos, devemos dizer que vamos descobrir juntos. Poderíamos manter, algures na cozinha, uma lista de tópicos de investigação: como é que os piscas do carro emitem aquele som, porque é que as árvores florescem na primavera, como se movem as nuvens, quanto tempo demoraria até voltar a crescer a lã das ovelhas e porque é que a avó parece um pouco contrariada sempre que o pai está na sala. O maior presente que uma criança nos dá é continuar a insistir que nada é jamais normal.

4.

Lições de Tranquilizar

Uma das maiores habilidades que os pais podem possuir é a capacidade de tranquilizar. Numa sociedade mais bem organizada, não celebraríamos apenas os atletas dotados e os empreendedores hábeis, mas também aquelas almas gentis muito eficientes a acalmar os seus filhos assustados.

Nas sociedades pré-modernas, a necessidade de tranquilização do tipo parental era bem compreendida ao nível coletivo. No cristianismo, os fiéis voltavam-se para a sua figura tranquilizante primordial, a Mãe Maria, que conhecia o sofrimento, que escutava as nossas dores e oferecia a sua compreensão nos momentos de pavor e pânico. Num espírito comparável, os budistas veneravam a figura de Guanyin, uma divindade feminina com um sentido apurado das dificuldades inerentes à tentativa de sobreviver e uma reserva pronta de doçura e compaixão.

Hoje, a tranquilização é deixada principalmente aos pais. Pode-se alvitrar que nada mais importante se exige dos pais que a capacidade de tranquilizar, sendo esta a aptidão para a qual, fundamentalmente, apontam todas as outras capacidades parentais.

Giovanni Bellini, *Madona do Prado*, 1505

Estátua de Guanyin, Dinastia Song Setentrional, China, *c.* 1025

Aqui estão algumas das coisas que os pais talentosos na tranquilização saberão como fazer:

VER SE É NECESSÁRIO TRANQUILIZAR

Nem todos os que precisam de ser tranquilizados estão cientes do facto ou gratos por lhes ser lembrada a sua vulnerabilidade. Alguns dos que mais beneficiariam da tranquilização mostram-se zangados, desafiadores e agressivos; parece que tranquilizarem-se seria a última coisa a passar-lhes pela cabeça. Mas quem tranquiliza vê por trás dessa fanfarronada independente e insiste, não obstante, na amabilidade. Sabe que todos os casos de maldade ou arrogância, cinismo ou rancor contêm uma disfarçada ânsia de amor. A pessoa verdadeiramente tranquilizadora é hábil e generosa o suficiente para continuar a oferecer apoio mesmo àquelas almas espinhosas e feridas que precisam tanto de amabilidade que se esqueceram de como pedi-la.

NORMALIZAR A NECESSIDADE

Os bons tranquilizadores dão subtilmente a entender que uma busca da tranquilização é «normal», respeitável e digna. Sabem que a vida arrisca-se constantemente a sobrecarregar até o mais capaz dos seres humanos, e que nada há de vergonhoso em procurar ajuda. Não ser capaz de aguentar não requer permissão especial; nem o problema precisa ser vasto. Podemos precisar de tranquilização simplesmente porque nos sentimos tristes, numa noite fria e escura de domingo. Os bons tranquilizadores parentais ensinam a criança a ter uma relação desinibida com a sua própria vulnerabilidade, ajudando a afastar a pressão de fingir ser-se mais forte do que se é, que invariavelmente acaba por tornar uma pessoa mais fraca e diminuída do que deveria ser.

Há quem possa preocupar-se com o facto de que tranquilizar muito uma criança corre o risco de habituá-la a chamar a atenção por meio de fingimento. Poderíamos responder que aqueles que buscam atenção nunca são pessoas que a receberam em demasia; são pessoas que o mundo tragicamente esqueceu que existiam. Ninguém que tenha sido adequada e consistentemente tranquilizado passará a sua vida adulta em tentativas desesperadas de ser notado; o desfecho mais lógico para uma criança que foi bem tranquilizada será dedicar energia para tranquilizar outras pessoas.

AGARRAR

O toque é uma arma essencial contra a aflição. Ao saber da ansiedade, um tranquilizador não hesita em agarrar com força a outra pessoa nos seus braços, dando-lhe uma sensação visceral de ser uma figura protetora que está ao seu lado contra os inimigos. A respiração tomada de pânico e os batimentos cardíacos acelerados têm a possibilidade de se alinhar com os ritmos mais estáveis de quem tranquiliza. Nos primeiros dias, um tranquilizador pode pôr um bebé ao ombro e acariciar-lhe a cabeça e as costas. Mais adiante, pode ser um afago no joelho e, mais tarde, um abraço de pé. Mas a mensagem permanecerá a mesma: o sofrimento não terá de ser suportado sozinho.

CANTAR

As canções de embalar revelam até que ponto não são necessariamente as palavras que nos podem fazer sentir mais tranquilos. O bebé não percebe o que está a ser dito, mas é tranquilizado mesmo assim pela canção mais desajeitada (mas mais sincera); isso mostra-nos que somos criaturas tonais muito antes de sermos criaturas de entendimento.

Orfeu a demonstrar o poder da música acalmando Cérbero com a sua lira

A mitologia da Grécia Antiga era fascinada pela história do músico Orfeu, que teve de resgatar a sua mulher do submundo. Para lá chegar, precisava de passar por Cérbero, um cão feroz com três cabeças que guardava a entrada da terra dos mortos. Diz-se que Orfeu tocou uma música tão suave e encantadora que a fera se acalmou e ficou tranquila e dócil. Os gregos lembravam a si mesmos o poder psicológico da música. Orfeu não argumentou com Cérbero; não tentou explicar como era importante que fosse autorizado a passar; não disse o quanto amava a sua mulher e o quanto a queria de volta. Cérbero era praticamente imune à razão — como nós mesmos somos em tempos de aflição. Mas ainda estava recetivo a ser tranquilizado. Era uma questão de encontrar a via certa para ir ao seu encontro: por intermédio da música.

PREOCUPAÇÃO

À primeira menção de uma doença, os bons tranquilizadores iniciam algumas respostas bem praticadas: a mais importante, uma sugestão de deitar-se no sofá (pois os desafios nunca devem ser enfrentados na posição vertical por muito tempo), seguidamente receber um cobertor (provavelmente demasiado grande, grosso e um pouco gasto) e, depois, uma mão na testa para verificar se a temperatura subiu. Pouco depois, pode ser altura de um tabuleiro com uma bebida e uma fatia de bolo.

COMIDA

A fome não é a questão; é a ideia de alimentação que conta. Os bons tranquilizadores oferecerão simultaneamente uma variedade de pratos: chocolate quente, com certeza, mas também torradas, bolo de limão e talvez um ovo quente. Os rituais de preparação são fundamentais; da cozinha devem vir cheiros familiares juntamente com as batidas suaves de panelas e louças, símbolos ativos de preocupação e simpática azáfama.

Numa das pinturas mais tranquilizadoras do mundo, o artista francês do século XVIII Jean-Baptiste Chardin mostra-nos uma mulher numa cozinha simples a tirar o topo de um ovo cozido. O título da pintura, *A Enfermeira Atenciosa*, revela-nos que a comida é destinada a alguém que está doente, mas, habilmente, Chardin manteve essa figura fora de vista. Aqui, pretende celebrar a cuidadora e não aquele que é cuidado. Quer que percebamos as qualidades de paciência, concentração e preocupação amável na mulher. Somos lembrados do que o amor envolve e quão profundamente somos devedores — todos nós que desfrutamos de alguma saúde e equilíbrio — àqueles que outrora nos tranquilizaram e auxiliaram.

ALCUNHAS

Os bons tranquilizadores renomeiam os seus filhos mais novos durante as suas dificuldades. Assim como um paciente num hospital, cujo pulso é rodeado por um código de identificação na altura do registo, também

Jean-Baptiste-Siméon Chardin, *A Enfermeira Atenciosa* ou *A Nutrição da Convalescência*, 1747

o filho dos tranquilizadores recebe um novo nome para o período da crise. Idealmente, esse nome indica pequenez e bravura, vulnerabilidade e força: «soldado querido» ou «cogumelo valente» talvez, ou «botãozinho corajoso» ou «pobre piu piu» (as aliterações são especialmente adequadas). Pode ser complementado com a palavra «meu» para implicar — como um general com as suas tropas — que estão praticamente juntos na luta, seja contra um vírus ou um ataque de tristeza.

SER ABORRECIDO

As pessoas mais tranquilizadoras são um pouco aborrecidas, de uma maneira boa. Não esperamos que nos entretenham ou nos deslumbrem nos nossos momentos de infortúnio. Enquanto dura uma crise, só precisamos que estejam por ali sossegadamente, a rearrumar os livros ou a separar as fotos, e a contar-nos algumas coisas simples sobre a vida local: o que se passa com o coelho do vizinho, o que a senhora do correio disse sobre os resultados do exame do filho. Não é altura para grandes ambições ou teorias desconcertantes; estamos limitados e podemos animar-nos simplesmente com um curto passeio no parque ou a vista de um vaso de bonitas flores primaveris. Os horizontes e ambições normais ruíram e estamos a viver um dia — ou algumas horas — de cada vez.

LEALDADE

Os bons tranquilizadores não deixam dúvidas sobre onde está a sua lealdade. Nem precisamos de acabar de contar os nossos maus-tratos às mãos dos outros para que eles prontamente intervenham, indignados, a nosso favor: *Que absoluto descaramento! Precisam de um exame à cabeça! Que monstro! Se se atreverem a pôr a mão em ti, eu vou...* Normalmente, as almas gentis revelam que têm uma espinha dorsal — e mais. Por nós lutariam até à morte. São de repente combatentes temíveis e arriscariam por nós as suas vidas. Não esperam que sejamos perfeitos — também podemos ter culpa — mas, por enquanto, estão totalmente do nosso lado. São dessa cepa. Podem respeitar a lei em teoria, mas, em princípio, fariam praticamente qualquer coisa para nos tirar da prisão.

Uma casa em que decorrem movimentações tranquilizadoras prepara uma criança para a vida. Assim não importará que problemas encontre; estará armada com as melhores armas psicológicas para acabar com eles. Melhor ainda, a voz tranquilizadora não será meramente uma voz fora dela; tornar-se-á a maneira como fala para si mesma. Anos mais tarde, quando os pais tranquilizadores já não estiverem consigo, e o tempo a tiver tornado grisalha e envelhecida, será ainda capaz de atender às suas próprias necessidades com a ternura que aprendeu na sua infância tão distante; saberá que a tempestade vai passar, sobretudo se encontrar maneira de deitar-se e, talvez, de cozer um ovo.

5.

Lições de Escutar

A sugestão de que os pais possam não estar a escutar os filhos com suficiente atenção parecerá à mãe ou ao pai médio, na melhor das hipóteses, exasperante e, na pior, simplesmente cruel. No fim de contas, é provável que uma parte fulcral da experiência parental seja o barulho: uma banda sonora contínua de gritos, exclamações, exigências, berros, perguntas e birras. As possibilidades de concluir uma frase calma, para nem falar de um parágrafo, são durante muitos anos insignificantes. Insinuar que se possa não estar a escutar parece uma provocação absurda concebida para corroer qualquer vestígio de sanidade.

No entanto, apesar de se ter tido de aturar tremendas quantidades de ruído, pode-se ainda assim estar a perder o sinal. De facto, pode haver uma cacofonia no lar precisamente porque o sinal continua a ser perdido. As coisas tornaram-se barulhentas porque, algures na barafunda, alguém sente que não está a ser ouvido.

Não é culpa de ninguém. A principal coisa que não se pode esperar que as crianças façam desde o início é falar com clareza e precisão sobre o que as aflige. Mal percebem as suas próprias mentes, quanto mais as dos outros. Com apenas uma ideia mínima do que estão a experimentar, não têm hipótese de comunicar as suas emoções a quem as rodeia de um modo que possa convencer ou alertar um adulto exausto ou ocupado.

Os seus estilos de comunicação oscilam entre o frustrante e o simplesmente assustador. Podem ser:

Violento:	Quem dera que a avó morresse… O bebé devia ir para o lixo.
Que magoa:	Tu só pensas em ti… Tu és chato.
Malévolo:	A Yasmin é nojenta.
Rebelde:	Eu nunca mais volto à escola.
Ilógico:	Quero lá saber se viemos à Espanha, detesto estar cá.
Irracional:	Só quero que seja o pai a abrir o meu iogurte.

Se de vez em quando os pais fazem ouvidos moucos, não é porque sejam maus; é porque o que está a ser dito soa como uma violação das esperanças que têm para os seus descendentes — e a natureza humana de forma mais geral. Pode parecer que, após sacrifícios extraordinários da sua parte, esses pais conseguiram produzir um ser que é mimado, ingrato, niquento, depressivo e esquisito. Não é tanto que os pais não o tenham ouvido; é mais que esperam que o que foi dito não seja realmente verdade, principalmente se for contrariado rápida e jovialmente. Isso explica a maneira arquetípica pela qual os pais não escutam: evitam a mensagem que lhes é veiculada, implorando antes à criança que seja mais sensata ou, para dizê-lo cruamente, «mais normal». Pode ocorrer o seguinte:

Criança: Estou triste.
Pais: Não sejas pateta, não podes estar — são as férias.

Criança: Estou muito preocupada.
Pais: Isso é ridículo, aqui não há nada de que ter medo.

Criança: Eu gostava que nunca, nunca, houvesse escola.
Pais: Não sejas difícil. Sabes que temos de sair de casa às 8.

Criança: Eu não suporto o Sam, é tão parvo.
Pais: Olha, isso não é uma coisa bonita de dizer — o Sam é o teu irmão mais novo!

Repita-se: não é que os pais não consigam ouvir o que está a ser dito; é medo — medo de que a criança esteja a dizer algo que não se encaixe num entendimento do que é «normal». Os pais estão assustados com o indício de que a criança está a manifestar emoções ou comportamentos que tornarão difícil o seu futuro: que ela possa tornar-se uma assassina de crianças, uma incendiária, uma depressiva, uma neurótica, uma medricas ou uma delinquente. Preocupa-os que a criança amada possa tornar-se alguém que tenha problemas com a autoridade ou que nunca consiga um emprego, que tenha a vida arruinada por emergências artificiais ou estragada por repulsas excessivas. É por isso que esses pais não estão dispostos a escutar calmamente as tramas para matar a avó ou nunca mais voltar à escola, a escutar a desilusão lancinante com a cor da cobertura glacé ou os terrores com um animal da selva à espreita debaixo do sofá. Não é que não se importem; apenas estão ansiosos com aquilo em que a criança se está a tornar.

Isso sugere uma saída para o problema. Não se trata de não escutar em si; trata-se, antes de tudo, da relação dos pais com a chamada normalidade. Trata-se de ampliar a nossa noção desse estado para abranger uma gama muito mais ampla de comportamentos do que teríamos considerado anteriormente. O equilíbrio tem muito espaço para a loucura, pelo que, quando pensado com suficiente imaginação, pode ser bastante normal ficarmos tão zangados com as pessoas que pensemos em querer matá-las, ou que possamos adorar alguém e ao mesmo tempo desejar que vá para o lixo. Escutar é ter a confiança interior para permitir que uma criança seja um pouco esquisita, um pouco teimosa, um pouco frustrante e um pouco perdida; tudo isso faz parte da saúde e do desenvolvimento comum.

Pais mais reconciliados com a «anormalidade» do equilíbrio teriam tempo para algumas novidades apropriadamente incomuns emanadas pela geração mais jovem. Sentiriam que podiam escutar com calma declarações inconvencionais sem que ruíssem os fundamentos da civilização. Reagindo a certas mensagens, poderiam responder com equanimidade:

- «Talvez estivesses realmente à espera de que a avó pudesse vir ao teu aniversário. Acho que todos teríamos querido que ela estivesse aqui...»
- «Percebi que te irritei muito de alguma maneira. Não sei como, mas gosto imenso de ti e talvez me possas contar daqui a um bocadinho...»
- «Estás muito aborrecido por agora teres um irmãozinho e estar toda a gente à volta dele. Eu senti isso quando a Tia Jane nasceu — embora agora eu seja muito amigo dela. Talvez venhas a dar-te bem com o Sam um dia. Mas isso ainda demora.»

Quanto mais escutarmos as mensagens «estranhas» que as crianças nos enviam, menos furiosamente elas terão de as fazer. Todos nós já tivemos a experiência, quando deparamos com alguém que não nos ouviu, de amplificar o que temos a dizer, seja em volume, urgência ou intensidade. Quanto mais *nós* escutarmos, mais silenciosos *eles* podem ser. Uma criança que diz que quer incendiar a escola não quer incendiar a escola;

quer ser ouvida pela profunda frustração que a escola lhe está a causar. Só se tornará incendiária se continuarmos a não escutar — não se o fizermos amplamente e com bom humor tolerante.

Da mesma forma, consideremos uma criança que viajou até Espanha a um custo considerável e que, porém, diz, no primeiro dia na praia, que não gosta de ali estar e queria estar em casa. Não virá a tornar-se uma mimada ingrata se nos dermos ao trabalho de perguntar porque se sente triste; se conseguirmos ser suficientemente resolutos quanto às nossas capacidades parentais para baixar um joelho e perguntar: «Explica-me melhor porque é que não queres estar aqui?» A criança só quer uma possibilidade de partilhar o seu desconcerto, a sua excitação e o medo da sua própria excitação. Quer ouvir que os seus sentimentos de surpresa por estar longe de casa à beira-mar podem ser confirmados por alguém em quem confia. E uma vez que tenha sido ouvida, irá quase certamente para as ondas; terá interesse pelos churros e pelo chocolate quente ao pequeno-almoço; lembrar-se-á de admirar as palmeiras no pátio do hotel e as bonitas luzes junto à piscina.

Precisamos da possibilidade de sentir tristeza para que possamos ser autenticamente felizes; precisamos ser capazes de dizer que queremos que o mundo inteiro morra para que gradualmente nos tornemos responsáveis e bondosos. O que os pais duros de ouvido esquecem é que os sentimentos, especialmente os sentimentos difíceis, invariavelmente enfraquecem quando exprimidos. Os sentimentos tornam-se menos fortes, e não mais fortes, mal são reconhecidos. Gritamos quando ninguém nos escuta, não quando nos escutam com vagar e atenção.

A escuta imaginativa está no cerne do que o amor é e do que envolve. Podemos definir o amor como uma vontade de ir além da superfície do que alguém está a dizer — que pode ser abrupta, desconcertante ou brutal — para localizar um significado ou intenção mais profundo, que é quase certamente mais benévolo e mais digno de consideração compreensiva. Isso é verdade tanto para relações entre adultos como entre pais e filhos. Quando dizemos que odiamos a coragem de um parceiro, quase nunca é assim; raramente dizemos às pessoas coisas definitivas e cruéis, a menos que as amemos muito. Costuma ser um sinal de imensa esperança que foi desfeita ou abalada. Não odiamos os nossos parceiros; odiamos ter de depender deles. Temos medo de que detenham as chaves da nossa felicidade. O que lhes estamos realmente a tentar dizer é: «Tenho medo de amar-te tanto e de que me possas perturbar tão facilmente.» É um paradoxo do cérebro humano que tal emoção possa ser expressa como: «Vai-te embora e morre.»

Nesse sentido, escutar bem a outra pessoa pode significar levá-la a sério, sem necessariamente ficar só pela superfície das suas palavras. «Odeio-te» pode significar «amo-te»; «não me importa» pode significar «tenho muito medo». Algo importante pode estar a ser-nos dito, mas o seu sentido completo pode estar ao lado das palavras que realmente foram pronunciadas. Podemos, além de escutar, precisar de traduzir um pouco.

Muitas línguas estrangeiras apresentam aquilo a que os tradutores chamam «falsos amigos» — palavras que sugerem fortemente que significam uma coisa quando significam outra. A palavra italiana *baldo* soa para um falante de inglês como se devesse significar «careca» [*bald*], quando na verdade significa «valente». A palavra francesa *monnaie* pode parecer dever significar «dinheiro» [*money*], quando na verdade se refere a trocos. Um dos principais passos para aprender com sucesso uma língua estrangeira é habituarmo-nos a descontar as implicações «óbvias» de certas palavras e trabalhar mais para determinar o seu verdadeiro significado.

Precisamos de praticar algo semelhante no que toca às crianças. Também aqui uma língua estrangeira pode estar envolvida e abundam os «falsos amigos»: palavras e frases em que o significado não é o que poderíamos supor inicialmente e onde precisamos de um dicionário para nos ajudar na tarefa crítica da tradução. No futuro ideal, teremos nos ouvidos pequenos dispositivos que traduzirão as palavras das crianças para o que realmente significam. Ouviremos (através dos nossos discretos aparelhos de aço escovado) não o que elas dizem publicamente, mas o que estão a tentar comunicar. Idealmente, também as crianças usariam esse aparelho, porque o desafio da tradução é sempre mútuo.

Até lá, porém, teremos de confiar na atenção. Quando uma criança diz algo que viola o nosso sentido de normalidade, devemos evitar pôr termo à conversa e simplesmente responder: «Ena, conta-me lá mais...» Quando ouvimos uma declaração forte, mas surpreendente («O bebé devia ser enterrado vivo...»), devemos ousar sugerir: «Talvez o que queiras dizer seja...» Quando ela declara: «Eu odeio-vos a todos», em vez de ripostar: «É mau estar com raiva», podemos parecer imperturbáveis e comentar: «Já percebi que deves estar frustrado...» Ao mesmo tempo, devemos notar com que frequência, apesar de estarmos perto dos nossos filhos, fomos capazes de não deixar que a sua plena realidade entrasse na nossa consciência, e com que frequência absorvemos um dos seus sentimentos e com pressa excessiva o redescrevemos como ilegítimo, incorreto ou inaceitável.

Um dos mais profundos desejos humanos é o de que os outros percebam como é sermos nós. Podemos acrescentar: não precisamos necessariamente que concordem com todos os nossos sentimentos ou os analisem, mas o que desejamos é que dediquem tempo a ouvi-los. Quanto mais tivermos sido ouvidos, mais silenciosos podemos ser. A maioria dos chamados maus comportamentos por parte das crianças não o são de todo. São uma reação inútil, mas compreensível, por não lhes ouvirem o que ainda não foram capazes de dizer de forma clara ou diplomática.

6.
Lições de Melancolia

É um axioma da parentalidade moderna que uma boa infância deve, antes de tudo, ser uma infância feliz. Isso significa que desde o início deveria haver sorrisos. Mal um bebé descobre como controlar a sua própria boca, já deve estar pronto para brincadeiras de *cucu*. Os visitantes que lhe pegam e dão um abraço amigável esperam ser recompensados pelo menos com uns risinhos. No berçário, as crianças pequenas que acabaram de ser deixadas pelos pais durante o dia serão convidadas a cantar, bater palmas e dançar em uníssono em celebração de temas alegres, em geral relacionados com animais de quinta — e podem parecer estranhas se não forem capazes de um entusiasmo mais exagerado que os festejos de independência numa ditadura.

Depois, há os aniversários, ocasiões-chave para celebrar as alegrias de estar vivo, quando pais e parentes fazem todos os esforços para garantir que a criança exiba provas apropriadas de prazer. A alegria estende-se à atmosfera visual da infância: cores primárias, pinceladas audaciosas, rostos brilhantes de desenho animado — e uma ausência de cinzentos-carvão ou verdes suaves. Para coroar a impressão, a publicidade tem a certeza de que qualquer criança digna de aparecer num ecrã ou cartaz panorâmico deve ser exuberante, comovida até à alma pela descoberta de um novo tipo de cereal com xarope de milho ou *snack* energético rico em gordura *trans*.

Anúncio, revista *Ritz*, anos 1950

Mas toda essa alegria deixa de lado uma verdade essencial que os adultos ignoram deliberadamente quando se trata de crianças: toda a vida, mesmo uma vida muito boa, está repleta de desafios que justificam arrependimento, ansiedade, tristeza e sentimentos de perda. A tristeza não é uma anomalia; é uma resposta apta e apropriada à tragédia de estar vivo. Não nos devemos preocupar por alguém estar triste; era melhor que nos alarmássemos se não soubéssemos ficar tristes às vezes. Sugere-se às vezes que a infância é «mais fácil» do que a idade adulta e, portanto, mais soalheira, porque as crianças ainda não precisam de pagar uma hipoteca ou trabalhar num escritório. Mas isso é esquecer a bagagem que as pessoas

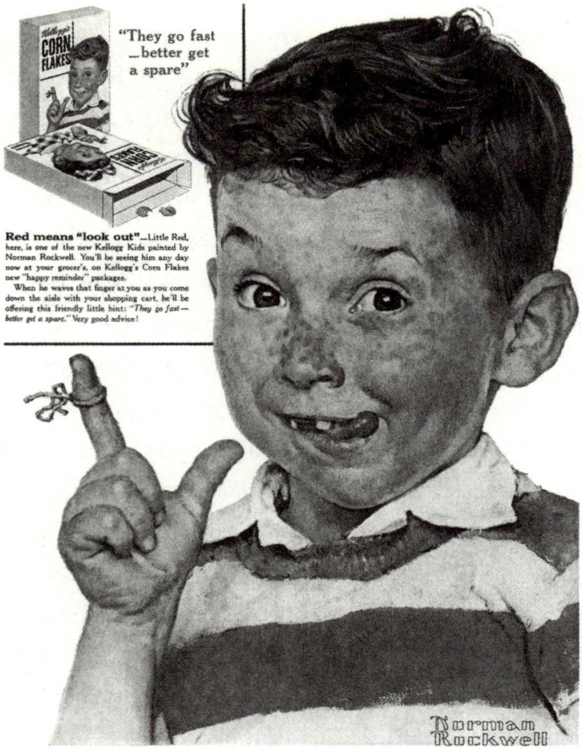

Anúncio (Kellogg's Corn Flakes),
ilustrado por Norman Rockwell, 1955

pequenas carregam desde o início. Primeiro vem a perda definitiva do primeiro lar, o útero, e a sua incomparável conveniência e aconchego. Depois um bebé tem de se ajustar às frustrações incessantes das primeiras semanas e meses num mundo duro e muito iluminado. Sofre por estar molhado e frio sem qualquer compreensão do porquê ou como; pode ter o couro cabeludo dolorido, a pele seca, um arroto que não vem, uma sensação aflita de estar desconfortavelmente inchado e cheio, um cólon que ainda não funciona como deve ser, um irritante raio de sol que o está a cegar, mas que mais ninguém notou, uma incapacidade de fazer qualquer coisa além de gritar quando pode querer partilhar tantos pensamentos matizados e subtis, longas noites em que se sente desprovido de toque e fica abandonado e indefeso durante o que pode parecer um século, a chorar de pânico a plenos pulmões e finalmente a adormecer em soluços de angústia incontida com o seu abandono aparentemente permanente.

De dia vêm colheres cheias de comidas desconhecidas e muitas vezes desagradáveis, e a seguir acessos constantes de socialização com outros bebés confusos que ele deveria achar interessantes. A todo o momento, os pais que ele adora arriscam-se a encontrar coisas melhores para fazer. É de enlouquecer, mas parecem ter amigos próprios com quem adoram estar. Podem até vir a ter outro filho, um motivo de aflição não menor do que uma infidelidade numa relação adulta. Uma criança pode encontrar-se, historicamente falando, numa posição privilegiada; pode não haver uma guerra ou uma escassez de alimentos. Mas ainda assim, há tantos brinquedos que não pode ter, viagens de carro que não terminam, tambores e címbalos em que devia adorar bater, aulas intermináveis com os seus cheiros estranhos e professores bizarros, a maldade de outras crianças, as discussões dos seus pais, os irmãos a quem teme ou que o melindram... E pensar que, ainda por cima, esperam que sorria.

Uma boa infância não é alegre; é aquela em que é permitido a uma pessoa nova sentir-se real, o que é um feito muito maior e mais útil. Tal pode significar que se tem regularmente a possibilidade de chorar e perder toda a esperança. Ou que é possível sentar-se e olhar para a chuva a cair e estar profundamente arrependido e sombrio. Ou que se pode recusar juntar as mãos e bater palmas, já que a mãe só irá voltar daí a cinco horas.

Pressionar alguém a ficar contente quando não existe razão autêntica para tal não é bondade. É uma forma de coerção bem-intencionada que força a criança a perder a ligação com a sua própria realidade e a distanciar-se de uma relação honesta com quem ela realmente é. O verdadeiro cuidado com uma criança deve significar permitir que ela tenha os seus próprios sentimentos. Estes podem incluir alguns risos e prazer sincero, mas também podem envolver ressentimento, enfado, desespero, tristeza e desânimo — todas reações legítimas ao mundo como ele é. Não nos devemos preocupar com uma criança ocasionalmente triste; teríamos de nos preocupar com uma criança que não tivesse outra opção além de sorrir.

Na história da humanidade, os pais mais sensíveis ao sorriso foram os de um príncipe indiano chamado Siddhartha Gautama, que hoje conhecemos como Buda, que nasceu no século V a.C. em Lumbini, no Nepal. A lenda diz-nos que os pais do Buda decidiram que a infância deste deveria ser inteiramente feliz: baniram todas as referências à tristeza ou ao sofrimento e rodearam o príncipe somente de exemplos de felicidade e saúde, magnanimidade e beleza. Mas o Buda sentiu que estava a ser protegido de verdades importantes e, sufocado pelas negações, acabou por deixar o palácio para descobrir como o mundo realmente era. A sua reação ficou na filosofia do budismo. Isso lembra-nos em termos categóricos — no seu primeiro e mais importante princípio — que «a vida é sofrimento». Paradoxalmente, o budismo é uma crença alegre, mas a alegria não é do tipo sentimental que nega a existência da dor. É a alegria que irrompe com particular vigor quando se tem uma noção adequada de quão difíceis as coisas realmente são; é a alegria determinada de quem enfrentou a miséria e por isso está ainda mais atento ao seu contrário.

Um lugar para a tristeza é especialmente vital na adolescência, quando uma criança não só tem uma série incomparável de problemas com que lidar, como pode também estar sob especial pressão para não ser taciturna. O que permite que os pais tolerem a tristeza do filho adolescente é, em última análise, um confronto adequado com as suas próprias fontes de sofrimento. Podem precisar de reconhecer, primeiro a si mesmos e depois à família em geral, o quanto lamentam e às vezes estão à toa, o quão pouco compreendem e quão vulneráveis se podem sentir. Curiosamente, o resultado não será afundar os outros membros da família; será dar às crianças modelos de comportamento vitais de como aceitar as suas próprias emoções mais sombrias e reagir a elas sem vergonha ou medo. A coisa mais gentil que os pais podem fazer pelos filhos é admitir que os sentimentos de tristeza e confusão estão no âmago de uma vida adulta suficientemente boa e responsável. Nunca devemos, como os bondosos Gautamas, ser tentados a educar os nossos filhos para que esperem um mundo que não existe.

Dito de outra forma, as famílias mais felizes são aquelas que sabem ser melancólicas quando a situação o exige. Melancolia não é raiva ou amargura; é uma espécie nobre de tristeza que desponta quando estamos abertos ao facto de a vida ser inerentemente difícil para todos e o sofrimento e a desilusão estarem no centro de qualquer experiência. A melancolia brota de uma consciência correta da estrutura trágica das nossas vidas. Podemos, em estados melancólicos, perceber sem fúria ou sentimentalismo que é difícil compreender as outras pessoas, que a solidão é universal e que todas as vidas têm a sua dose de vergonha e tristeza.

O tom alegre dominante de muitas relações familiares pressupõe falsamente que a melhor maneira de agradar aos outros é apresentarmo-nos com uma disposição vibrante, quando, na verdade, admitirmos o nosso desespero e a quantidade de momentos em que nos perguntamos se tudo isto realmente vale a pena, são ferramentas fundamentais no processo de bondade devidamente reimaginado. Os pais alegres são movidos por uma compulsão de impor um humor sem base na realidade. Os mais alegres não querem apenas que a criança seja feliz; não podem tolerar a ideia de que ela possa ser triste, tão inexplorados, não resolvidos e potencialmente esmagadores são os seus próprios sentimentos de desilusão.

A infância é necessariamente cheia de tristeza (assim como a idade adulta também), o que significa que devemos ter permissão para ter períodos de luto: por um brinquedo partido, o céu cinzento ou talvez a tristeza duradoura que podemos ver nos olhos dos nossos pais. Os bons cuidadores precisam lembrar-se o quanto na vida merece estados solenes e tristes, e quanto amor sentiremos por aqueles que não são agressivamente compelidos a negar as nossas lágrimas. Quanto mais melancólica uma família puder ser, menos os seus membros individuais precisam de ser perseguidos pelos seus próprios fracassos, ilusões perdidas e arrependimentos.

Ao longo da história, a articulação de atitudes melancólicas em obras de arte proporcionou-nos alívio da sensação de solidão e perseguição. Entre outros, a Dama Murasaki, John Keats, Percy Bysshe Shelley, Arthur Schopenhauer, Virginia Woolf, Joan Didion e Joni Mitchell foram capazes de nos tranquilizar quanto à normalidade dos nossos estados de tristeza. É uma pena que tão poucas obras de arte tenham apresentado crianças melancólicas.

Os poucos exemplos que existem revelam-nos o quão valiosa poderia ser essa arte, demonstrando que as crianças não têm sempre de estar a sorrir ou a festejar, mas também podem estar distantes, perdidas nos seus pensamentos e a avaliar o mundo pelas dores que lhes trará.

Ferdinand Hodler, *Retrato de Louise Delphine Duchosal*, 1885

Não é um insulto para connosco ou um sinal de que fracassámos com os nossos filhos se às vezes os encontramos no quarto, desconsolados e em lágrimas. Pode ser um sinal de que fomos suficientemente corajosos para permitir que eles compreendam a vida nos seus próprios termos.

7.
Lições de Mau Comportamento

Imaginemos dois tipos diferentes de família, cada uma à volta da sua própria mesa de jantar numa noite típica.

Na Família Um, a criança é bem-comportada. Diz como está boa a comida, conta o que aconteceu na escola, escuta o que os pais têm em mente e no fim retira-se para acabar os trabalhos de casa.

Na Família Dois, as coisas são bastante diferentes. A criança chama idiota à mãe; resmunga, trocista, quando o pai diz alguma coisa; faz um comentário grosseiro que revela falta de constrangimento quanto ao seu corpo; se os pais perguntam como está a correr o trabalho de casa, responde que a escola é uma estupidez, sai desabridamente e bate com a porta.

Parece que está tudo a correr bem na Família Um e mal na Família Dois. Mas se olharmos para dentro da mente da criança, podemos obter uma imagem diferente. Na Família Um, a chamada criança «boa» tem toda uma série de emoções dentro dela que mantém fora de vista, não porque queira, mas porque não sente que tenha a opção de ser tolerada como realmente é. Sente que não pode deixar os pais verem se está com raiva, farta ou aborrecida, pois ao que parece os pais não têm recursos interiores para lidar com a realidade dela; a criança deve reprimir o seu eu corporal, indelicado, mais instável. Qualquer crítica a um adulto é (imagina ela) tão dolorosa e devastadora que não pode ser pronunciada.

Na Família Dois, a chamada criança «má» sabe que as coisas são sólidas. Sente que pode dizer à mãe que é uma idiota inútil porque sabe que a mãe a ama e que ela ama a mãe e que um acesso de antipatia irritada nada irá danificar. Sabe que o seu pai não vai ruir ou vingar-se por ser ridicularizado. O ambiente é suficientemente caloroso e forte para absorver a agressividade, cólera, má-criação ou desilusão da criança.

Como resultado, há um desfecho inesperado: a criança boa está a encaminhar-se para problemas na vida adulta, tipicamente relacionados com a conformidade excessiva, rigidez, falta de criatividade e uma consciência insuportavelmente severa que pode estimular pensamentos suicidas. Enquanto isso, a criança malcomportada vai a caminho de uma maturidade saudável, que compreende espontaneidade, desembaraço, tolerância ao fracasso e um sentido de aceitação própria.

O que chamamos de mau comportamento é realmente uma exploração inicial de autenticidade e independência. Como ex-crianças malcomportadas, podemos ser mais criativos porque podemos experimentar ideias que não são instantaneamente aprovadas; podemos cometer um erro ou uma asneira ou parecer ridículos e não será um desastre. As coisas podem ser consertadas ou melhoradas. A nossa sexualidade é essencialmente aceitável para nós, por isso não é preciso sentirmo-nos excessivamente humilhados ou constrangidos por apresentá-la a outrem. Podemos ouvir as críticas que nos fazem e aguentar explorar as suas verdades e rejeitar a sua malícia.

Devemos aprender a encarar as crianças malcomportadas, algumas cenas caóticas e ocasionais vozes exaltadas como questões de saúde e não de delinquência — e, inversamente, aprender a temer as pessoas pequenas que não causam qualquer problema. Se de vez em quando tivermos momentos de felicidade e bem-estar, devemos sentir-nos especialmente agradecidos por ter havido no passado distante, quase certamente, alguém que optou por encarar com os olhos do amor algum comportamento irrazoável e desagradável nosso.

8.
Lições de Doçura

Se há uma generalização que podemos arriscar quanto às crianças, é a de que dão a ideia de ser «doces» — num dia bom, pelo menos. As suas atitudes, maneirismos, brincadeiras, sorrisos e formas de se encolherem na cama à noite apontam nessa direção. Embora a ideia de doçura possa parecer estar no extremo mais banal ou sentimental da infância, o termo capta uma série de valores importantes que podem ser investigados e desenredados de maneira proveitosa. Podemos atrever-nos a perguntar porque é que a doçura infantil às vezes nos comove tanto, especialmente neste momento da história, e de que modo um encontro com a doçura pode ajudar-nos a reconsiderar partes negligenciadas da nossa própria psique.

Podemos começar em Washington, D.C., em 1961, no Departamento de Justiça, no gabinete de Robert F. Kennedy, o procurador-geral dos EUA. Ao lado de fotografias da marinha da coleção de arte do governo, Kennedy optou por pendurar uma seleção de desenhos feitos pelos seus filhos, então pequenos. Esses trabalhos mostravam animais dóceis, flores enormes, naves espaciais implausíveis e as tropelias de um bando de irmãos.

Durante quase toda a história humana, teria sido impensável a alguém que reclamasse qualquer tipo de decoro ou sanidade afixar um desenho de umas quantas crianças de 4 e 6 anos nas paredes do seu gabinete ou sala

Robert F. Kennedy no seu gabinete,
rodeado por desenhos dos filhos, 1961

do trono. Mas a arte pela qual as pessoas são atraídas — a nível individual e coletivo — reflete muito sobre o que está a faltar nas suas vidas. O registo particular de emoções às quais somos sensíveis na esfera visual sugere o que ansiamos, mas com o qual não temos uma ligação confiável em nós mesmos. No século XIX, com a rápida industrialização da Grã-Bretanha e a mudança de grande parte da sua população para as cidades, houve uma explosão de interesse por pinturas de cenas rurais — especialmente representações de pastores, cabanas e campos luxuriantes com gado pacífico a pastar. As pessoas que viviam em ruas apinhadas, poluídas e agitadas queriam pendurar nas suas paredes evocações de vistas que já não possuíam tão seguramente na alma.

John Constable, *Cabana num Milheiral*, 1817

Da mesma forma, à medida que ao longo do século o Norte da Europa se tornou cada vez mais disciplinado e moralmente menos permissivo, as pessoas sentiram-se atraídas por um tipo de arte que retratava sociedades economicamente subdesenvolvidas, especialmente as do Médio Oriente, que pareciam exalar um «exotismo» e encantamento sensual que já não se encontravam em Berlim ou Londres.

A lógica que guiava o interesse estético de Kennedy era semelhante. O cargo de procurador-geral trouxera consigo responsabilidades e obrigações excecionais: dias de reuniões em que era preciso manter disciplina extrema, nas quais se tomavam decisões extremamente importantes — e onde ninguém teria apreciado tagarelice ou galhofa. Não admira que Kennedy pudesse ter desejado que os seus olhos encontrassem de vez em quando uma atmosfera diferente, na qual houvesse espaço para a espontaneidade, honestidade e idealismo. Como muitos amantes da arte, Kennedy buscava nos desenhos aquilo que já não estava tão disponível na sua vida.

Eugène Delacroix, *As Mulheres de Argel*, 1834

Kennedy era típico do seu tempo. A idade moderna tornou-se especialmente interessada na vivacidade, ausência de artifício, energia e fragilidade das crianças — qualidades que agrupamos sob o termo «doce». O que parece comover-nos nas crianças são elementos particularmente ameaçados na vida adulta, mas que inconscientemente reconhecemos como preciosos para a nossa sensação de equilíbrio e integridade psicológica. O «doce» é uma parte vital de nós, atualmente no exílio.

As sociedades tornam-se sensíveis às coisas que vão perdendo. Vivemos num mundo de grande complexidade tecnológica, extrema precisão na ciência, burocracias maciças, insegurança e intensa competição meritocrática. Para sobreviver nessas condições com algum grau de sucesso, temos de ser criaturas invulgarmente controladas, avançadas, razoáveis e prudentes.

Contudo, pode ser difícil ver a natureza dos nossos fardos. É raro reconhecer que podemos precisar de mais arroubos de fantasia, mais confiança inocente, mais alegre indiferença às expectativas. Achamos comovente — doce, na verdade — encontrar essas coisas em formas simbólicas nos hábitos das crianças. Ao descodificar a doçura infantil, temos uma oportunidade de conhecer as nossas próprias necessidades. À sua maneira, essas pessoas pequenas são portadoras de manifestos concisos a favor de algumas das necessidades mais urgentes nas condições ansiosas e comprometidas da modernidade.

Ao examinar o comportamento «doce» das crianças, somos lembrados de virtudes que honramos em seres humanos grandes e pequenos — e às quais podemos aspirar com mais frequência nos nossos anos adultos.

HONESTIDADE

As crianças são singularmente honestas sobre os seus sentimentos e, embora possamos afetar horror com certos exemplos da sua franqueza, secretamente aplaudimo-las pela sua frontalidade. Dizem ao convidado arrogante que tem uma cara aborrecida e ao restaurante pretensioso que as suas saladas aparentemente saudáveis são uma papa tristonha. Declaram sobrestimado o filme prestigioso e indispõem o vizinho por não brincarem o suficiente com a filha dele. Não lhes interessa ter de parecer mais amáveis do que são. «Não, meu», dirão nos seus primeiros anos, com admirável brusquidão, quando outra criança vem brincar com o seu carro de bombeiros. Tudo isso faz parte do trabalho de nos lembrar de uma quantidade de sentimentos importantes que nos esquecemos de como registar e que sacrificámos injustamente no altar das boas maneiras.

IRRESPONSABILIDADE

Dizemos às crianças, repetidas vezes, que o lugar dos livros é nas prateleiras da estante, mas o que importa isso quando é tão interessante empilhá-los no chão ou derrubá-los e ouvi-los cair com um estrondo fascinante num montão empoeirado? As nossas vidas nada seriam se não tivéssemos aprendido a arte da disciplina, mas também não valem a pena se às vezes não colocarmos os nossos prazeres no centro dos nossos planos.

UTOPISMO

As crianças estão cheias de projetos: o que deveria ser ensinado na escola, do que deveriam tratar os filmes, como deveria ser a hora de deitar, como colonizar a galáxia de Andrómeda, a melhor maneira de lidar com os excrementos de pombos, como viver num armário quase sem dinheiro — e mil outras propostas utópicas. Uma criança de 5 anos pode refletir durante o jantar sobre que bom seria ter uma carreira que combinasse ser um astronauta e um cozinheiro para cegos; a sua irmã pode fazer planos para manter um elefante no jardim; um menino pode dizer que gostaria de se casar com o seu irmão mais velho; outro que queria inventar uma máquina que lhe permitisse inverter o tempo. Em vez de rejeitar essas ideias como idiotas ou impraticáveis, podemos ficar encantados; o nosso prazer é um sinal de que nos passou a faltar, tristemente, a liberdade de imaginar o mundo melhor pelo qual ansiamos em privado e no qual, algures, ainda acreditamos.

PERGUNTAS

As perguntas vêm rápidas e abundantes: porque é que o mar é salgado? Como é que a Terra começou? Como ficaria um orangotango se lhe rapássemos o pelo? Nada é desinteressante nelas; só são incómodas pela maneira pobre e precipitada como muitas vezes são respondidas. As perguntas das crianças podem enervar-nos, mas deixam entrever como todos poderíamos ser brilhantes se soubéssemos continuar a sondar a realidade com determinação inocente.

PRAZERES SIMPLES

As crianças podem perturbar a hierarquia habitual da importância. Oferecemos um brinquedo caro e preferem a caixa ao conteúdo. Gastam uma hora a examinar uma parede de tijolos ou um fecho de correr. Não se cansam de experimentar o interruptor da luz. Batem num balde e não se fartam da ressonância. Não se importam com um pouco de repetição; tudo é tão maravilhoso. É por isso que devemos ler o mesmo livro quinze vezes — há sempre algo novo para desfrutar nele. As crianças veem o lado engraçado das pequenas coisas em que há muito nos esquecemos de reparar; por exemplo, que temos orelhas, e quão inapropriado e, portanto, cómico seria se lhes tentássemos colocar uma ou duas bolachinhas dentro.

FRANQUEZA EMOCIONAL

A suposição tradicional no desenho é que ser «bom» significa prestar meticulosa atenção ao que está à nossa frente. O artista deve aprender a observar o mundo fielmente e, para tal, deve pôr de parte muito de si. No entanto, quando as crianças desenham, são — como noutras áreas das suas vidas — especialistas em franqueza emocional. Tendem a interessar-se muito mais pelo que sentem do que por aquilo que veem. Em vez de serem minuciosas ou fiéis a factos objetivos, as crianças contam-nos as emoções que experimentaram ao ver um pato ou o professor, o irmãozinho ou as primeiras flores da primavera.

Como se parecia

Que impressão dava

Se quisermos uma representação gráfica fiel da realidade, podemos tirar uma fotografia. Mas se procurarmos um retrato da vida interior de alguém que contacta o mundo exterior — e pode ser mais interessante fazer isso — faríamos melhor em reverenciar as obras-primas cruas e instáveis dos menores de 5 anos.

AMOR

Sabemos que podemos magoar-nos no amor, e é por isso que somos tão tímidos e reservados, mas essas inibições não acometem as crianças pequenas. Dir-nos-ão elas, com honestidade imprudente, que o seu amor por nós é tão profundo como a Fossa das Marianas e tão largo como a circunferência de Júpiter. Juram que somos a melhor mãe ou pai do mundo — o que não significa que não se vão cansar de nós novamente daí a um minuto, mas porque não partilhar o entusiasmo momentâneo sem compunção ou cautela? As crianças não se habituaram, como nós, a esperar problemas de todos os lados. Não aprenderam os perigos da confiança ou a segurança do cinismo. As lágrimas que nos provocam as suas declarações recordam-nos o quanto desejamos recuperar a fé uns nos outros.

VALENTIA

Pode ser comovente simplesmente ver as roupas de crianças pequenas: os sapatinhos incrivelmente pequenos, meias, casacos ou camisolas de malha, tão parecidos com os nossos, mas muitas magnitudes menores. O sentimento pode ser ainda mais poderoso se essas roupas pertenceram a alguém há muito desaparecido — uma criança num tempo distante do nosso.

Vestido de criança do século XX, Amesterdão, 1948

Parte do que pode comover-nos é o reconhecimento de quão pequena é uma criança em relação aos obstáculos que enfrenta. Deve encontrar frustração e confusão, tristeza e tédio enquanto não for mais alta do que uma cadeira e tiver dedos do tamanho de raminhos. No entanto, essa vulnerabilidade física é às vezes acompanhada por declarações ousadas e corajosas. As crianças oferecem-se para lutar contra quaisquer ladrões que possam aparecer, ou para carregar a avó de volta para casa se estiver muito cansada; dizem-nos que se o dinheiro acabasse começavam um negócio, ou que colavam novamente os nossos pedaços se morrêssemos. Quando ainda estão a aprender a falar e têm dificuldades para abrir uma porta, podem rejeitar uma ajuda com um estoico: «Não, eu faz tudo sozinho.»

Nós, adultos, poderíamos parecer não menos incongruentes perante aquilo com que temos de lidar, se vistos de outro planeta através de um telescópio. Também nos posicionamos ousadamente contra forças insuperáveis; as nossas vidas inteiras são apostas contra probabilidades impossíveis e derrotas quase certas — que, porém, em grande parte nos recusamos a contemplar ou deixar que nos desgastem. Chamamos às crianças «queridas» na maneira como se lançam aos seus desafios, mas é também assim que devemos parecer aos olhos dos deuses, contemplando as árduas lutas da nossa espécie liliputiana, construindo cidades e escrevendo livros, erguendo hospitais e realizando eleições, animados por ambições, mas destinados ao esquecimento.

A interação entre valentia e sofrimento nunca é mais aparente do que em crianças que adoecem ou morrem antes da idade adulta. Se nos concentrássemos realmente na pungência da condição humana, poderíamos chorar até mais não ao ver Alfred Owens, de 10 meses, que morreu no início de março de 1868 — e cuja expressão séria e determinada testemunha uma coragem impotente perante os horrores injustos que enfrentou.

Alfred Owens, 10 meses de idade, 1868

Não há nada de mesquinho ou sentimental na doçura que percebemos nas crianças. Igualmente doces são os adultos, se ao menos soubéssemos detetar a qualidade neles. É um sinal de progresso que tenhamos gradualmente aprendido a ver a doçura nas crianças; será um progresso ainda maior quando os adultos aprenderem de maneira mais fiável a ver a doçura uns dos outros.

9.
Lições de Irmãos

Uma das coisas mais inúteis que os pais podem fazer é incentivar os filhos a amar os seus irmãos — e dizer-lhes que seria «normal» e um sinal de decência que o fizessem. Os filhos fazem notar — às vezes com bastante impaciência — como o irmão é simpático, que gentil e esperto parece, que criatura digna virá a ser. Irritam-se com os protestos da criança ressentida; reprimem com dureza quaisquer sinais de aversão e fazem igualar a virtude com a harmonia entre irmãos. Podem até acrescentar o quanto, na sua sabedoria de há muitas décadas, adoravam o tio Yorgos ou a tia Alice. Enquanto isso, vão tornando muito mais difícil às crianças gostarem dos seus irmãos.

Devemos reconhecer e honrar um facto básico: até prova em contrário, um irmão é um desastre. É irritante, divide a atenção, cheira mal, não faz o que queremos e rouba os holofotes. Um irmão é para a infância o que um amante adúltero é para um casamento. Não é uma boa notícia — e como sempre com coisas que não são boas notícias, a melhor maneira de lidar com elas é admitir com total franqueza o quanto são horríveis.

A escola é horrível e deve ser permitido dizê-lo. O avô pode ser horrível, e não faz mal mencioná-lo (longe dos seus ouvidos). Às vezes o pai é horrível, e também não faz mal. A mãe também pode ser medonha. Nunca ensinamos uma pessoa a amar alguém ou alguma coisa coagindo-a a ver apenas o seu lado bom.

Então, enquanto for necessário, devemos compreender a nossa criança quanto ao desastre que o irmão é. Não a incitar no seu ódio — isso seria estranho — nem ampliar o seu pensamento em torno desse desagrado, mas escutar, suportar o protesto e aceitar a dor que está a exprimir. Não é bom ter um irmão, e essa é uma verdade que deve ser permitido defender. É difícil para os pais comuns que colocaram uma nova pessoa no mundo tolerarem sequer um arranhão nela; por conseguinte, não conseguem ver através dos olhos da outra pessoa que adoram, mas que tem uma perspetiva muito diferente sobre o conteúdo do berço. Ainda assim, precisamos permitir que odeiem para que um dia possam amar.

Portanto, quando a criança nos diz que o bebé novo é horrível, que fede e que é feio, temos de suportar. Lembremo-nos de como nos sentiríamos se o bebé fosse uma amante ou um amante. Não quereríamos ouvir uma conferência sobre como essa pessoa era — de facto — bonita. Não quereríamos que nos chamassem a atenção para os seus adoráveis dedinhos dos pés ou a maneira cativante como segura uma colher. Não gostaríamos que nos chegasse aos ouvidos uma conversa com um amigo acerca de como, noutro dia, a pessoa cantou uma canção bonita e vestiu umas calças adoráveis. Seríamos muito discretos no nosso amor, não para sermos dissimulados, mas porque estaríamos sensíveis ao que ia pela cabeça do nosso outro ser amado. Aceitaríamos que podemos ter querido duas pessoas para amar, mas que esse não poderia ser o cenário ideal para qualquer dos nossos escolhidos. Não a animaríamos; deixá-la-íamos encontrar o seu próprio caminho através da catástrofe.

Quando a criança causasse problemas, não a repreenderíamos por «tentar chamar a atenção». Reconheceríamos a sua fome e dar-lhe-íamos o que desejasse. Garantiríamos regularmente algum tempo em que pudéssemos ficar a sós com ela, como dantes. Faríamos algumas viagens agradáveis, só com ela. E quando se pusesse difícil com ciúmes, não a puniríamos pelo seu sentimento de não ser suficiente; dar-lhe-íamos o tempo e o amor que estava a pedir através do seu ódio.

E um dia, quando tivéssemos desistido de esperar que se dessem um com o outro, poderíamos bater a uma das suas portas e ser mandados embora. Ouvi-los-íamos a conversar como grandes amigos e a rir um bocado também. Perceberíamos que tinham descoberto um amigo secreto e ilícito: o próprio irmão. Perceberíamos que o nosso amor concentrado e tolerante por eles havia concluído o seu trabalho: permitira que compreendessem o sentido um do outro.

10.
Lições de Brincadeira

O que vale nas crianças é que não deixam que a sua imaginação seja prejudicada pelas facetas mais irritantes ou acessórias da realidade. Dão uma olhadela a um sofá e veem nele o ponto de partida para uma nave espacial engenhosa capaz de viajar rápida e confortavelmente para galáxias confinantes. Um quintal pouco apelativo será o local ideal para um novo tipo de restaurante que oferece combinações fascinantes de comida, ainda não desenvolvidas no setor dos restaurantes comuns. Saberão avaliar um irmão e reconhecer um líder nacional corajoso, disciplinado e resoluto que será capaz de tirar o país dos seus problemas e inventar uma nova forma de fazer política.

As crianças não veem necessidade de esperar até que todos os pormenores práticos sejam resolvidos antes de começarem a imaginar novos projetos e a desenvolver propostas originais. Conhecem o essencial do que deve ser feito e estão ansiosas para esboçar rapidamente os largos traços dos seus planos. Não têm qualquer respeito adulto normal pelas objeções supostamente sensatas a cada nova ideia, nem obediência às muitas razões pelas quais uma coisa não deve ser tentada e o *statu quo* deixado taciturno e sossegado.

As crianças pequenas tendem a estar certas no seu palpite de que os detalhes práticos podem em geral resolver-se com o tempo, mas aquilo de que realmente se precisa no início é de visão. Empreendimentos impressionantes foram obras da imaginação muito antes de passarem a feitos de engenharia ou política, arte ou ciência. Eram ideias que precisavam ser visualizadas com uma mente fantasiosa, confiante e sem medo, que não cerceasse as suas liberdades reparando que algo poderia custar demasiado, ou que alguns membros da equipa poderiam sentir-se perturbados com uma inovação, ou que existiam regras do governo contra aquele tipo de coisa.

Tomemos voar como um exemplo. Por um lado, o voo motorizado foi uma conquista prática assente em algum trabalho sólido em torno das formas das asas, motores a gasolina e trens de aterragem. Mas podemos dizer que havia no avião tanta imaginação quanto engenharia; o avião tinha de ser sonhado antes de ser projetado. Muito deste trabalho imaginativo foi levado a cabo por pioneiros do pensamento lúdico no século XIX, a grande era dos devaneios tecnológicos, quando utópicas crianças grandes se punham a imaginar como se poderia voar de uma cidade para outra em máquinas milagrosas mais pesadas que o ar — e um dia fazê-lo de Paris a Nova Iorque em apenas algumas horas.

Albert Robida, *Saindo da Ópera no Ano 2000*, 1902

Esses pioneiros da tecnologia também imaginaram o *e-mail*, submarinos, túneis para a travessia de canais, aspiradores de pó, telemóveis e educação digital. É um tributo à escala das suas ambições que a realidade ainda tenha de alcançar as suas ideias quanto a mochilas a jato e bombeiros alados.

J. Xaudaro, *Concorde antes do Concorde*, 1920:
«Graças ao aeroexpresso, Nova Iorque está só a uma hora e meia de Londres. Preço da viagem: 1000 dólares.»

Un Frotteur électrique

At School

Aerial Firemen

No Ano 2000, série de ilustrações francesas, 1899–1910

As crianças não têm apenas coisas para nos ensinar sobre como imaginar o futuro de maneira divertida. Também são hábeis a inventar amigos imaginários. A realidade pode ser muito pobre a fornecer-nos os tipos de pessoas de que realmente precisamos para nos sentirmos compreendidos e confortados. O que desejamos ouvir e o tipo de interação que adoraríamos nem sempre são possíveis nas condições limitadas de um lar típico. Mas isso raramente impede as crianças. Agarrar-se-ão engenhosamente a um pedaço de pano e recheio de aparência prometedora, com trinta centímetros e olhos de botão, e decidirão que este é o amigo que sempre desejaram e que merecem: alguém que possa perceber as suas tristezas, que tenha coisas reconfortantes para dizer quando estiverem confusas, que à noite queira tomar chá com elas e que esteja sempre, sempre pronto para um abraço.

Mais tarde, podem descobrir livros e experimentar uma mudança semelhante. Alcunhadas como devoradoras de livros, aprendem a sentir-se ligadas a uma pessoa que pode ter morrido em 1420 ou em 300 a.C. e que lhes diz coisas importantes com uma frescura e clareza que ninguém nas suas redondezas pode igualar. Começam a levar esse amigo com elas numa mala para onde quer que vão, e não se importam se os cantos ficam sujos ou as páginas manchadas. Ficam acordadas até tarde com o «amigo» e podem chorar com uma ternura e compreensão que parece tão distante do que recebem dos seus próprios conhecidos. Algumas dessas crianças chegam a tornar-se escritores, e um dia confidenciam a uma página o que é difícil exprimir pessoalmente aos outros — uma versão adulta do gesto que podem ter feito na infância, quando o seu urso coçado escutava pacientemente as suas aflições. As livrarias, que são as lojas de brinquedos dos crescidos, tornam-se lugares onde os nossos desapontamentos com os outros podem ser mediados e redimidos, e os amigos não encontrados na vida podem ser conseguidos por meio do jogo adulto a que chamamos sobriamente «literatura».

Tommy, o companheiro de infância muito amado do Sr. J.H.B. Gowan, que continuou a enviar-lhe cartões de aniversário mesmo depois de o ter doado ao Victoria and Albert Museum de Londres.

A posição ideal da brincadeira na vida foi explorada pela primeira vez pelos gregos antigos. Entre todos os seus deuses, dois eram especialmente importantes para eles. O primeiro era Apolo, deus da razão e da sabedoria. Preocupava-se com a paciência, a profundidade, o dever e o pensamento lógico. Presidia sobre vertentes do governo, comércio e o que hoje chamaríamos ciência. Mas havia outro deus importante, uma figura diametralmente oposta a quem os gregos chamavam Dioniso. Este preocupava-se com a imaginação, impaciência, caos, emoção, instinto — e brincadeira. O «dionisíaco» envolvia sonhos, libertação e um relaxamento das regras estritas da razão. Os gregos, sublinhe-se, não julgavam que qualquer vida pudesse ser completa sem uma combinação dessas duas figuras. Tanto Apolo como Dioniso tinham as suas reivindicações sobre vidas humanas, e cada um poderia gerar mentes perigosamente desequilibradas se exercesse uma influência autêntica.

Quando as crianças nos levam aos limites da saúde mental com as suas brincadeiras (juntamente com os gritos, loucuras, sofás destruídos e poções peganhentas), devemos manter em mente o quanto nós, fatigados guardiões de Apolo, continuamos em dívida com todos os jovens seguidores de Dioniso e o seu apelo sempre presente para curvar a realidade na direção dos nossos sonhos.

11.
Lições de Confiança

Um objetivo quase universal dos pais é tentar imbuir de confiança os seus filhos; tentar dar-lhes energia, autoconfiança e coragem para que venham a ser capazes de agir decisivamente no mundo. Com confiança suficiente, saberão como se dirigir a estranhos e pedir ajuda, defender os seus interesses no trabalho, exprimir os seus desejos a possíveis parceiros e confiar na sua decência e direito de existir.

Mas como imbuir essa confiança continua a ser uma questão complexa. A abordagem padrão é lembrar as crianças das suas qualidades: seja o que for que possam às vezes sentir, insistimos que são inteligentes. Seja o que for que algumas pessoas maldosas possam dizer, dizemos que são especiais. Seja o que for que pensem à frente do espelho, dizemos-lhes que são bonitas. O que quer que possam temer, dizemos que não são nem idiotas nem tolas. Com sentimentos tão generosos nos ouvidos, as crianças irão — confiamos — ser capazes de enfrentar os seus desafios sem desvantagem. Saberão que, apesar das dificuldades, são competentes e merecedoras — e que o mundo deve estar grato pela sua presença.

Embora pareça generoso, exaltar uma criança desse modo pode involuntariamente gerar novos tipos de dúvida. A implicação é que as bases para a confiança derivam principalmente de ser-se inteligente, talentoso, bonito e merecedor. Todavia, ao equivaler confiança e maravilha, a criança está a ser sobrecarregada com uma imagem proibitiva do que é necessário para o sucesso. A fasquia está inconscientemente a ser colocada numa posição elevada; a criança está a ser convencida — algo inverosimilmente — de que irá ultrapassá-la.

Pode ser melhor incitar numa direção um pouco diferente. As crianças sensíveis arriscam-se a sobrestimar o mundo adulto e, assim, a suprimir os seus talentos e sentido de iniciativa por um respeito equivocado. Pode parecer-lhes que os professores devem saber tudo, pelo que não há necessidade de pensar com ceticismo sobre a maior parte do que ensinam. Pode parecer que as pessoas no topo de profissões importantes foram dotadas de níveis incomuns de inteligência, o que torna os seus empregos impossíveis de conseguir. E entre os próprios colegas, pode parecer que as pessoas populares e atraentes têm com certeza a vida organizada a todos os níveis e, portanto, não precisam de um novo amigo ou parceiro.

Nesse contexto, pode ser útil a um jovem ter acesso a algumas verdades aparentemente sombrias, mas no final libertadoras, sobre o mundo adulto. A despeito de certas aparências, e de muita adulação e solenidade, os seres humanos não são, em geral, uma espécie particularmente inteligente, competente, conhecedora ou respeitável. De facto, como regra, são verdadeiramente idiotas e bastante censuráveis. O caminho para a confiança não é elogiar uma criança; é demolir a sociedade como um todo.

Para apaziguar o terror de uma criança de que ela possa ser estúpida, em vez de lhe dizer que é brilhante, deve-se dar-lhe uma ideia muito mais animadora e credível: que tem lados tolos, mas toda a gente também os tem. Às vezes é decididamente idiota, mas também o são a diretora da escola, o professor de geografia, o presidente, o ministro das finanças, o vencedor do Prémio Nobel, o grande romancista, o zoólogo, a estrela de cinema e todos os pais que já viveram. Não há outra opção para um ser humano. Somos um planeta de sete biliões de idiotas. Esbarramos contra as portas, percebemos coisas mal, proferimos ideias imbecis, entornamos coisas na roupa, esquecemos os próprios nomes e arruinamos as nossas vidas — e essas não são exceções; são a regra geral. A preocupação de que se possa ser um pouco estúpido, portanto, não marca alguém como especial ou especialmente condenado; torna-nos mais parecidos com todos os outros seres humanos da história. Decerto não é argumento para não tentar entrar numa equipa ou convidar alguém para um encontro, para rejeitar candidatar-se a uma determinada universidade ou imaginar-se numa determinada carreira.

Devemos lembrar às crianças que elas se conhecem por dentro, mas só podem conhecer os outros por fora — isto é, através do que esses outros escolhem mencionar, o que resulta numa imagem de normalidade inutilmente limitada e editada. Embora estejam cientes de cada pormenor das suas próprias inadequações, haverá poucas provas das inadequações alheias. Devemos sublinhar às crianças que, sob fachadas sérias e seguras de si, todos os colegas e todos os adultos impressionantes estão mergulhados na dúvida, no medo e no arrependimento. Levado pelo desejo de tornar os seus leitores mais confiantes, Montaigne, filósofo do século XVI, escreveu: «Os reis e os filósofos cagam e as damas também.» Cagar foi aqui concebido como um termo representativo, simbólico de todas as dimensões inferiores, mais embaraçosas e mais fracas que conhecemos em nós mesmos, mas que nos é difícil lembrar que existem nos outros. Montaigne poderia ter acrescentado que essas augustas pessoas também tendem a preocupar-se, a sentir-se feias e a dizer coisas tontas. E não só elas, mas também presidentes, chefes de firmas de advocacia, jogadores de futebol de topo e professores de aparência séria.

Há um tipo de criança que não se atreve a agir, pensando que um erro a colocará para sempre no campo dos desprezíveis. Deve-se assegurar-lhe que ser tolo não é um risco pessoal; é uma regra comum e inviolável. Se agisse e acabasse por fazer mais uma tolice, isso não seria especial motivo de vergonha; confirmaria apenas o que a criança percebera desde o início: que somos todos, amiúde de formas bastante cativantes, seres propensos ao engano. O caminho para a confiança não é banir receios de ser tolo; é não deixar que o conhecimento da própria tolice se torne motivo de uma recusa a agir. A tarefa não é dizer às crianças que são fantásticas; é dar-lhes um modelo de como alguém pode viver uma vida decente, de aceitação pessoal, cheia de bom humor e confiante, sabendo que é muito imperfeito — mas que, felizmente, todos os outros também.

12.

Lições de Relações

Uma parte central da responsabilidade de quaisquer pais é preparar os filhos para os desafios da vida adulta: arranjar um emprego, gerir as finanças, escrever cartas de agradecimento oportunas, escovar o cabelo, pendurar os casacos molhados... O que não é tão falado é que, se o treino deve ser adequado às reais exigências da vida adulta, deve então incluir igualmente um assunto que mais do que qualquer outro determina as possibilidades de uma pessoa levar uma vida bem-sucedida: a capacidade de formar e manter relações íntimas.

Este tópico pode ser tremendo para discutir frontalmente na família, mas a boa notícia é que nenhuma instrução formal é aqui realmente necessária. Não será necessário dar aulas sobre como convidar alguém para um encontro ou como pedir a um parceiro mais tempo a sós. No entanto, a falta de necessidade de educação direta não isenta os pais de toda a responsabilidade; esta apenas transita para o domínio indireto. O ensino sobre as relações prossegue continuamente dentro das famílias, sem aviso prévio, de modos diversos e às vezes contraintuitivos. Como pais podemos, sem perceber, estar a abarcar partes essenciais do curso de relacionamento enquanto montamos uma casa na árvore ou fazemos uma prova de velocidade no corredor, separamos uma luta entre irmãos ou discutimos quem deve lavar a louça. Muito mais do que em lições definidas, é nessas horas de «aula» não delimitadas em casa que as crianças realmente aprendem — ou falham a aprendizagem sobre — as componentes de relações adultas satisfatórias.

Esses módulos de aprendizagem emocional disfarçados podem incluir alguns dos seguintes tópicos:

INTEGRAÇÃO

Ao tentar compreender as relações, a vienense Melanie Klein, psicanalista pioneira de meados do século XX, chamou a atenção para um sentimento que pode ter lugar na mente dos bebés durante as sessões de alimentação com as suas mães. Quando a alimentação corre bem, o bebé fica contentíssimo e vê a sua mãe como muito «boa». Mas se, por qualquer motivo, o processo de alimentação for difícil, o bebé não consegue perceber que está a lidar com a mesma pessoa de quem gostava muito há apenas algumas horas ou minutos. Por isso separa da mãe verdadeira uma segunda versão «má» — que considera um indivíduo diferente, odioso, responsável por frustrar deliberadamente os seus desejos — e, enquanto isso, protege na sua mente a imagem da mãe boa. Aos poucos, se as coisas correrem bem, segue-se um longo e difícil processo através do qual a criança «integra» essas duas pessoas diferentes e acaba por compreender que não existe a mãe ideal, «perfeita», mas também não existe uma mãe terrível e medonha; há apenas uma pessoa que geralmente é adorável, mas também pode estar zangada, atarefada, cansada, enganada ou interessada em outras pessoas.

Os pais podem ajudar os seus filhos na tarefa de integração, apresentando uma imagem holística de si mesmos, nem sentimental e enganosamente doce, nem injustamente agressiva ou sádica. Idealmente, a criança perceberá que os seus pais podem ser fundamentalmente decentes e estar maldispostos agora, ou essencialmente bem-intencionados, mas irritantes com o trabalho de casa esta noite. As crianças que viveram com um dos pais menos equilibrado (em direções completamente negativas ou irrealisticamente positivas) acharão a integração mais difícil. Podem desenvolver tendências para se apaixonarem profundamente por pessoas que insistem em idealizar, mas é possível voltarem-se repentina e violentamente contra elas logo que descubram algum detalhe que as perturbe ou frustre.

As crianças podem achar difícil aceitar que a mesma pessoa possa ser muito simpática e agradável em algumas coisas e uma surpreendente desilusão noutras. A versão má pode parecer destruir a boa, embora estas sejam apenas facetas diferentes, e ligadas entre si, de uma pessoa complexa. Para ajudar uma criança a lidar com os seus conflitos entre esperança e realidade, os pais podem combinar o amor com uma livre admissão de tudo o que neles é imperfeito. Assim, a criança será gentilmente lembrada de que ninguém que amamos jamais nos satisfará completamente, mas não vale a pena odiá-lo por isso. As crianças serão capazes de passar da ingenuidade esperançosa e da raiva na fase divisiva para a sabedoria madura da fase integrativa. Saberão que podem acabar por ter um parceiro que, na sua mistura de qualidades e fragilidades, seja, a um nível notável, «suficientemente bom».

SER AMADO

O quanto um pai do mesmo género pelo qual somos atraídos nos acha dignos de amor é, até certo humilhante ponto, provável que influencie o quão aceitáveis acabamos por nos considerar. A recordação de termos sido acarinhados e considerados interessantes por um dos pais orienta a maneira como na idade adulta avaliamos o rosto que nos devolve o olhar ao espelho; ou molda a forma como imaginamos que estranhos possam responder aos nossos convites para jantar. Aqueles que não interessaram aos seus pais podem ter dificuldade em acreditar que alguma vez serão notados.

Podem ser levados a sabotar relações nos seus estágios iniciais para regressar a uma solidão que parece mais merecida e segura, ou continuar a seduzir novas pessoas para provarem a si mesmos que exercem uma atração da qual nunca estão realmente convencidos (tendo a promiscuidade maníaca pouco a ver com gostar de sexo e muito a ver com sentir-se desgraçado). Mas o mesmo dano pode ser causado por pais que dão a uma criança a estranha impressão de que ela desempenha um papel muito importante nas suas vidas emocionais e é objeto de admiração e interesse excessivos, deixando-a com um sentimento de culpa de que pode estar a ser desleal para com eles se vier a construir uma relação segura com outra pessoa, ou que é impotente para enfrentar aqueles que desrespeitam os seus limites.

Os pais emocionalmente saudáveis deixam entender que a sua criança é uma pessoa extremamente valiosa, mas para se juntar a outra pessoa, daqui a muitos anos — e que o seu relacionamento com ela, embora alegre, não os compensa pelas lacunas na sua própria vida emocional.

COMUNICAÇÃO

As crianças pequenas estão tipicamente imbuídas de uma noção encantadora, mas problemática, de que as pessoas à sua volta podem compreendê-las sem que precisem de falar. Esta, afinal, costuma ser a sua primeira experiência de como as relações funcionam, quando na sua época mais jovem um dos pais parecia magicamente intuir que era necessário leite ou que seria útil um banho. A partir daí, uma criança pode desenvolver a impressão de que aqueles que realmente a amam são e devem ser capazes de saber sem palavras o que está na sua mente — e, por implicação, que aqueles que não adivinham corretamente não a amam e talvez até sejam maus. Os pais sintonizados aprenderão a perceber essa presunção nos seus estágios iniciais. Com gentileza e humor, obrigarão a criança a verbalizar necessidades que de outra forma não seriam ditas e continuarão a sublinhar que, a menos que a criança fale, outra pessoa (até mesmo uma outra pessoa muito adorável) não poderá saber o que ela quer ou está a sentir.

Os pais elogiarão efusivamente qualquer tentativa desajeitada de comunicação substancial, e não se deixarão impressionar com os amuos — aqueles fenómenos peculiares em que uma pessoa culpa outra por não a perceber, mesmo que não se tenha dignado a partilhar o problema. Uma infância saudável desperta-nos para a entediante responsabilidade de explicar.

O CORPO

A capacidade de ter relações adultas bem-sucedidas dependerá num grau significativo de estar confortável com o próprio corpo — em particular com muitos dos apetites e desejos chamados «inferiores» nos quais o corpo nos envolve, que podem contrastar vincadamente com as exigências de uma vida adulta digna. Não é tarefa dos pais discutir o lado íntimo da vida da sua progenitura, mas, surpreendentemente, a descontração nessa área é consequência de se ter tido experiências benevolentes de um género secretamente relacionado nos primeiros anos. É da competência dos pais dar às crianças pequenas uma relação natural e indulgente com as suas próprias consciências sensoriais, forjadas por uma série de questões similares.

Por exemplo, os pais podem passar a ideia de que não importa que a criança se tenha enlameado no recreio ou que a sua bota tenha caído num tanque malcheiroso; podem fazer tortas de lama juntamente com a criança e encorajá-la a desfrutar da sensação ressumante de terra espremida, com água, nas palmas das mãos. Podem rir-se afavelmente dos peidos de uma criança ou sorrir com indulgência do seu deleite, às vezes obsceno, em amontoar grandes quantidades de doce de morango numa torrada ao pequeno-almoço. Os pais podem dar a entender que não há problema em deliciar-se com a própria voz e, às vezes, libertar uma sucessão, alegre e ensurdecedora, de gritos cadenciados ao cimo das escadas, ou travar uma exuberante batalha de almofadas com um irmão. Muito mais do que qualquer preleção desajeitada sobre relacionamentos, isso será suficiente para assegurar que uma criança saiba que o seu corpo pode ser uma fonte de prazer e criatividade, em vez de culpa e vergonha.

REPETIÇÃO

Foi o propósito de um século de psicoterapia apresentar à humanidade uma ideia perturbadora: a maneira como escolhemos os nossos parceiros na vida adulta é muito devedora da relação que tivemos com os nossos pais na primeira infância. Isso é preocupante, porque gostamos de sentir que seremos capazes de fazer as nossas próprias escolhas em vez de seguir um guião que outras pessoas escreveram para nós, e porque essa repetição de padrões da infância costuma sugerir que iremos recriar relações de tristeza em vez de alegria.

Os pais suficientemente bons aceitam que a história psicoterapêutica pode, por mais penoso que seja, ser verdadeira — mas tentarão garantir que isso não precisa de ser um desastre, que seguirem um modelo estabelecido na infância não tem de envolver os filhos em padrões de sofrimento. Esses pais farão tudo o que puderem para transformar a profecia terapêutica de que se pode, sem saber, casar com a mãe ou o pai, da tragédia que geralmente é considerada para uma possibilidade mais suportável e até comovente.

13.

Lições de Problemas

Durante grande parte da era moderna, a história de tornar-se adulto foi-nos contada como uma libertação psicológica: à medida que crescem, as pessoas apercebem-se de quantas das suas dificuldades, especialmente à volta do amor e do trabalho, podem ser atribuídas a inadequações nas suas infâncias. Perceberão, por exemplo, o quanto a sua baixa autoestima se deve ao relacionamento com uma mãe retraída, ou o quanto a sua timidez no trabalho pode ser atribuída a um pai demasiado ansioso. Lentamente, as pessoas desenvolverão todo o seu potencial ao refletir sobre o que aconteceu na sua infância e ao desvendar o passado com a ajuda de amigos, diários e, o mais importante, psicoterapeutas amáveis e bem preparados.

Essa história, embora poderosa, tende a perder uma fase crucial: o que acontece quando essas vítimas da infância se tornam elas próprias pais. Fala-se relativamente pouco sobre o que essas ex-crianças podem fazer quando, por sua vez, assumem o manto da parentalidade. Como poderão lidar com as graves responsabilidades que os seus pais exerceram mal? Como poderão garantir que os seus próprios filhos não tenham de sofrer com outro ciclo de reveses psicológicos? Como poderão evitar transmitir os seus «problemas»?

É útil ser categórico e não sentimental quanto a isso: não existe a opção de não transmitir alguns dos seus problemas; não há forma de parentalidade que não inflija algum tipo de dano psicológico às crianças.

A pessoa mais submetida à psicoterapia do mundo não será capaz de evitar gerar neuroses; não existem pais sem culpa. Acima da porta do quarto das crianças, os pais mais maduros emocionalmente ainda assim deveriam afixar uma placa: «Amamos-te — mas vamos dar-te problemas.»

Uma vez estabelecida essa ideia, as prioridades podem mudar. Já não se trata de tentar evitar completamente o dano, mas de fazer o melhor possível para mitigá-lo. Os pais devem perceber que estão — como todos nós estamos — um pouco danificados e que devem saber um pouco mais sobre como e porquê. Devem ser capazes de responder à pergunta: *de que maneira estás louco?*

Nada ofensivo ou incomum deve ser lido nesse inquérito; é uma condição prévia de ser humano que estejamos loucos de alguma forma. No entanto, a maneira como as nossas mentes funcionam pode proteger-nos da consciência de como e em que áreas podemos estar loucos — informação que é fundamental para atenuar os danos. Para dar início ao nosso autoconhecimento, podemos fazer um pequeno exercício para tentar revelar a nós mesmos algumas das muitas maneiras como estamos perturbados e propensos a estragar a vida daqueles que adoramos desmedidamente.

Possíveis problemas dos pais		
Apesar do meu grande amor pelo(s) meu(s) filho(s), posso cometer os seguintes erros por causa dos meus problemas...	**Sim**	**Não**
• Posso estar tão traumatizado/a pela dureza e ordens arbitrárias na minha infância que talvez seja incapaz de estabelecer limites ou dizer «não» quando deveria.		
• Posso alternar entre relaxamento e fúria súbita, o que pode confundir uma criança sensível.		
• Posso ser incapaz de evitar que a enorme ansiedade que sinto no trabalho transborde para a vida familiar.		

• Devido à minha natureza introvertida, posso ser incapaz de participar regular e intensamente nas atividades familiares, como gostaria.		
• Devido a certas compulsões sexuais, posso ser incapaz de desempenhar o papel de homem ou mulher de família confiável.		
• Por causa de deficiências na minha relação atual, posso investir demasiado no meu filho e assim impedir que ele se desenvolva de forma saudável.		
• Por causa das minhas fragilidades, posso levar uma criança a precisar de cuidar de mim emocionalmente de uma forma que pode fazê-la assumir prematuramente o fardo da idade adulta.		
• Por causa da minha inveja e ressentimento pela forma como fui tratado na vida, posso dar ao meu filho a sensação de que o mundo é um lugar hostil que ele deve temer.		
• Posso ter dificuldade com um determinado género da criança por causa das minhas experiências com esse sexo.		
• Posso ser levado/a a ter um filho favorito e pôr um contra o outro.		
• Posso ficar chocado/a com a vulnerabilidade de um filho e dizer-lhe, demasiado jovem, para crescer e parar de choramingar.		
• Posso sentir inveja do sucesso do meu filho.		
• Não serei capaz de conservar o equilíbrio mental com desordem e barulho.		
• Posso ofender-me se o meu filho não fizer suficiente boa impressão na escola.		

Este é apenas um começo; poderá haver muito mais para descobrir. O ponto fundamental é saber que se tem um grande número de problemas e que o seu efeito provavelmente será poderoso.

O passo seguinte é partilhar as informações da maneira menos dramática possível com os filhos assim que eles estiverem em condições de compreender. É uma grande desvantagem para uma criança se algum dos seus pais estiver demasiado interessado em sugerir que ela é totalmente equilibrada e psicologicamente competente. No interesse de manter o moral das tropas, muitos pais sentir-se-ão pressionados a manter as aparências especialmente nos primeiros anos, mostrando-se sempre equilibrados, inevitavelmente calmos, perpetuamente sorridentes e com tudo invariavelmente controlado. Mas, para ajudar adequadamente as crianças com o seu bem-estar mental, seria muito mais útil se esses pais pudessem livrar-se do seu orgulho e dar a entender gentilmente como são de facto um pouco estranhos. É um enorme privilégio receber dos próprios pais conhecimento antecipado das neuroses deles, especialmente se a informação for transmitida sem alarme e com humor autodepreciativo. Posteriormente, a criança não terá de passar algumas décadas no sofá do terapeuta a tentar descobrir se e como os seus pais foram perturbados. Há muito que essas questões terão sido livremente partilhadas.

Os pais geralmente gostam de explicar — e os filhos de ouvir — como uma família se originou: onde o avô nasceu, com quem a avó se casou pela primeira vez, o que é que o pai fez depois de terminar a escola e por aí fora. A esses movimentos externos, podemos pensar em acrescentar uma camada psicológica, explicando os padrões de herança emocional. Uma criança pode então dar a um amigo no recreio ou a um adulto interessado um prático resumo dos problemas que afligiram os seus pais:

O pai da mamã estava bastante deprimido e isso quer dizer que ela achou difícil confiar nos homens, mas por fim o papá apareceu e levou-a a descontrair-se, mas a mamã continua a ser muito independente e gosta de passar muito tempo sozinha — o que os leva a conflitos. O papá tinha uma mãe distante e um pai crítico (talvez tenha sido por isso que escolheu a mamã!). Isso deixa-o bastante ansioso e, num dia mau, predisposto a gritar. Também o torna um pouco exigente comigo e enjoativo e sempre em cima de mim, como se quisesse que tudo corra bem comigo para compensar o que correu mal com ele. Provavelmente também é por isso que me farto de lhe dizer que se vá embora, com bastante agressividade.

A maior forma de equilíbrio disponível não é não ter problemas; é estar disposto a compreendê-los e admiti-los. Quanto mais os conhecemos, menos provável é que tenhamos de os manifestar. É uma enorme fonte de alívio para as crianças crescerem numa família onde os problemas são discutidos com tão pouco embaraço como uma dor nas costas ou uma dor de cabeça; deveria ser tão comum ouvir um adulto queixar-se da sua ansiedade como de uma dor num dedo do pé, ou da sua baixa autoestima como das suas preocupações políticas. Longe de educar uma criança que será nervosa ou suscetível, estaremos a criar um modelo de como manter uma relação autoconsciente, descontraída e aberta com as dificuldades psicológicas. Ser capaz de compartilhar problemas faz parte de um lento padrão de progresso pelo qual os seres humanos aprenderam a aceitar a sua vulnerabilidade e a aceitar-se a si mesmos como só intermitentemente racionais; a nossa força está em sermos capazes de aceitar a nossa fragilidade.

14.
Lições de Chorar

Uma das coisas mais sábias das crianças pequenas é que não têm vergonha ou escrúpulos em desatar a chorar, talvez porque tenham uma noção mais precisa e menos orgulhosa do seu lugar no mundo. Sabem que são pequenos seres num meio hostil e imprevisível, que não podem controlar muito do que está a acontecer à sua volta, que os seus poderes de compreensão são limitados e que há muito por que sentir angústia, melancolia e confusão. Porque não então, com bastante regularidade, às vezes apenas por alguns momentos, desabar em soluços grandemente salutares pela esmagadora escala da tristeza de estar vivo?

Infelizmente, essa sabedoria tende a perder-se à medida que envelhecemos. Ensinam-nos a evitar ser a aparentemente mais repugnante das criaturas (e, na verdade, profundamente filosófica): o bebé chorão. Começamos a associar a maturidade com uma sugestão de invulnerabilidade e competência. Imaginamos que pode ser sensato sugerir que somos infalivelmente fortes e tudo controlamos.

Mas isso é imprudente. Perceber que já não se consegue aguentar é parte integrante da verdadeira competência; devemos deixar que as crianças pequenas nos ensinem (e lembrar aos adolescentes essa sabedoria, por sua vez). Somos, na nossa essência, e devemos sempre esforçar-nos para assim continuar, bebés chorões — ou seja, pessoas que se lembram intimamente da sua suscetibilidade à mágoa e à dor. Os momentos de perda de coragem fazem parte de uma vida corajosa.

Sofremos sob o equívoco de que a única coisa que poderia justificar as lágrimas seria uma catástrofe clara e inequívoca. Mas isso é esquecer quantos fatores minúsculos correm mal a cada hora, quantas supostas «coisinhas» podem afetar-nos e quão pesadas podem acabar por ser.

Quando o impulso de chorar nos acomete, devemos ser suficientemente crescidos para pensar em ceder-lhe como o sabíamos fazer na sagacidade do nosso quarto ou quinto ano. Podemos ir para um quarto silencioso, colocar o edredão sobre a cabeça e abandonar-nos a torrentes desenfreadas de choro perante o horror de tudo. Esquecemos facilmente a quantidade de energia que normalmente temos de gastar para nos defendermos do desespero; agora, finalmente, podemos permitir que o desânimo triunfe. Nenhum pensamento deve ser demasiado sombrio: é óbvio que não prestamos. Toda a gente é evidentemente má. É naturalmente avassalador. A nossa vida é — sem dúvida — sem sentido e está arruinada. Para que a sessão funcione, precisamos de tocar o fundo e sentirmo-nos aí como em nossa casa.

Então, se tivermos feito corretamente o nosso trabalho, a dada altura começamos a animar-nos novamente. Lembramo-nos de que seria agradável tomar um banho quente, que temos alguns bons amigos no planeta e um livro interessante ainda por ler — e saberemos que o pior da tempestade já passou.

Apesar dos nossos poderes adultos de raciocínio, as necessidades da infância pulsam constantemente em nós. Nunca andamos longe de desejar ser abraçados e tranquilizados, como podemos ter sido há décadas por um adulto solidário, provavelmente um pai, que nos fez sentir fisicamente protegidos, beijou-nos a testa, olhou para nós com benevolência e ternura e talvez não tenha dito muito mais que, bem baixinho, «Sim.» Precisar da mãe (por assim dizer) é arriscar o ridículo, especialmente quando temos um par de metros de altura e uma posição de responsabilidade. Contudo, entender e aceitar os nossos anseios mais jovens faz parte da essência da vida adulta genuína — e da parentalidade. Não há maturidade sem uma negociação adequada com o infantil, nem um adulto adequado que não anseie frequentemente ser confortado como uma criança pequena.

Com tudo isso em mente, devemos tomar cuidado para não endurecer demasiado os nossos filhos. Nunca devemos chamá-los de bebés chorões; devemos dar-lhes permissão para serem vulneráveis. Nos lares sensatos, todos devemos — por mais velhos que sejamos — ter avisos, um pouco como os dos hotéis, que podemos pendurar nas nossas portas e anunciar a quem passa que estamos uns minutos lá dentro a fazer algo essencial à nossa humanidade e inerentemente ligado à nossa capacidade de estar satisfeitos: a soluçar um pouco como uma criança perdida.

15.
Lições de Disciplina

Uma das tarefas mais difíceis que os pais enfrentam é como disciplinar: o imperativo de declarar com uma certa voz que o momento de parar de comer gelado é agora; que, embora tenha sido divertido saltar no sofá, este será o último pedido em voz suave para ir lá para cima; que obviamente ninguém irá receber qualquer tipo de telefone — novo ou usado — se não terminar o trabalho de casa.

Parte do que torna a disciplina difícil é que, em resposta ao nosso «não», teremos de ouvir que arruinámos a vida de alguém, que somos a pior pessoa do mundo e que nunca, jamais seremos perdoados — uma situação paradoxal quando a pessoa de rosto vermelho e manchado de lágrimas que assim grita é também a criatura que mais adoramos no planeta e por quem daríamos a nossa vida.

A disciplina pode ser universalmente desafiadora, mas as suas exigências podem ser sentidas e estudadas com particular clareza num subgrupo de pais acometidos por uma das mais pungentes aflições psicológicas: agradar às pessoas. À primeira vista, ser alguém que agrada às pessoas parece uma boa ideia. Mas é um padrão de comportamento repleto de dificuldades não intencionais, tanto para o perpetrador como para o público. Aquele que agrada às pessoas é alguém (que às vezes podemos ser nós) que sente que não tem outra opção a não ser moldar-se às expectativas alheias. No trabalho, esforçar-se-á por se adaptar às necessidades de todos à sua volta; na vida social, sorrirá com evidente benevolência às anedotas e trivialidades de conhecidos enfadonhos. Nas suas relações, não será capaz de se queixar de um parceiro despreocupadamente egoísta. E como pai, ser-lhe-á quase impossível sair de uma loja de brinquedos ou de uma padaria sem comprar algo que não deveria.

As origens de agradar às pessoas tendem a remontar à infância — num encontro doloroso com a disciplina. O passado de quem quer agradar às pessoas quase invariavelmente envolveu uma experiência de estar próximo de cuidadores que exigiam um grau elevado de submissão. Talvez um pai ou mãe ficasse furioso a qualquer sinal de desacordo. Apresentar uma ideia política antagónica, sugerir que se queria algo diferente para comer, ser franco sobre o cansaço ou ansiedade era ser ameaçado de aniquilação. Não havia hipótese de fazer uma cena ou bater com os pés ou insistir noutro gelado. Para sobreviver, a criança precisava de pisar ovos e ser extremamente reativa ao que se esperava dela. A questão do que poderia realmente querer ou pensar tornou-se secundária em relação à prioridade maior de se moldar aos desejos daqueles de quem a sua vida então dependia. A criança agradava e sorria por uma ânsia de não desencadear outra discussão feia, para manter calma uma pessoa terrivelmente irada ou para evitar acrescentar mais um fardo ao que parecia uma vida já difícil e triste.

Ao aproximar-se da parentalidade, as pessoas assim podem ter acalentado uma fantasia dupla; primeiro, que poderiam evitar tudo o que estivesse relacionado com o tipo de infância que tiveram. Não precisariam de gritar ou recusar; não teriam de tiranizar ou insistir em regras. Tornadas infelizes pela dureza, tinham a esperança de que poderiam gerir uma casa unicamente com gentileza.

Em segundo lugar, o que está relacionado, podem ter imaginado que as exigências do seu filho seriam fundamentalmente razoáveis. Visualizaram uma criança que era sábia, por natureza educada, modesta e capaz de um autocontrolo inato. Nisso ter-se-ão baseado na recordação de quão aparentemente razoáveis haviam sido, e quão pouco inclinados para serem difíceis e obstinados — embora talvez se tenham esquecido de que tinham sido dóceis não tanto por escolha como por necessidade intimidada. Não é que não tivessem querido, de alguma forma, fazer uma valente birra no jardim zoológico ou descontrolar-se na loja de brinquedos; é que teriam sido desintegrados se sequer se atrevessem a pensar nisso.

Quão surpreendente, então, para os pais que agradam às pessoas, encontrarem a provável realidade do seu próprio filho, um ser humano muitas vezes adorável com algumas características desconcertantes, porém: uma inclinação para recusar certos pedidos educadamente formulados, protestando com gritos e berros. As fantasias dos pais podem ter sido de uma relação tranquila marcada pelo respeito mútuo; a realidade pode ser uma série de conflitos intensos.

A prioridade para os pais que agradam às pessoas não é tanto aprender a disciplinar (isso pode vir com o tempo), como perceber *porque podem precisar de fazê-lo.* Precisam de contar a si mesmos o género de história adequado sobre porque acabaram por ter de gastar tanto esforço a dizer «não». A via fundamental é manter presentes dois factos da psicologia: que os seres humanos não são feitos de forma a reconhecer diretamente os seus próprios interesses de longo prazo; e que os seus poderes de raciocínio são constantemente assaltados pela influência de apetites e desejos poderosos e muito questionáveis.

Uma criança pode falar com segurança sobre aspirações por coisas que, se as recebesse, seriam totalmente contrárias ao seu benefício — ou que pura e simplesmente a matariam. Pode insistir até ao fim e, porém, estar errada. Pelo menos durante um tempo (uma década ou mais), os pais provavelmente compreenderão os interesses da criança muito melhor do que a própria — uma posição de extrema superioridade epistemológica que os pais que agradam às pessoas sentirão com instintiva cautela. Não lhes está na natureza insistir na sua própria sabedoria predominante. E, contudo, perante a sua criança furiosa a gritar que quer puxar o rabo do cão ou comer um punhado de musgo, podem — quase pela primeira vez — descobrir que realmente têm uma compreensão sobre a natureza da realidade que excede a do outro. Qualquer que seja o seu ódio instintivo à autoridade, podem realmente saber melhor o que acontece quando se põe os dedos na tomada ou se passa sete horas seguidas online. O amor parental dar-lhes-á — por fim — a coragem de defender as suas convicções até então vacilantes. Por amor, abandonarão a sua preocupação fatigante com a cortesia e a adaptação. Por amor, prenderão a sua amada criança ao assento do carro e soltarão um «não» sonoro e definitivo.

Através dos trabalhos da parentalidade, os agradadores de pessoas terão de tornar-se uma coisa muito surpreendente: *frustradores de pessoas* sensatos, amáveis, generosos, mas firmes. Para honrar o seu amor por alguém, aprenderão que precisam, pelo menos durante algum tempo, fazer o seu filho profundamente infeliz. Verão que não há possibilidade de proteger uma criança e aceitar todas as propostas dela. Às vezes, terão de impedi-la de obter o que deseja para lhe fornecer o que precisa.

No processo, os pais que agradam às pessoas podem ter de repensar o seu próprio passado. Terão de reconhecer que as suas atitudes céticas em relação à autoridade podem ter sido moldadas por um conjunto específico de cuidadores irados, mas que na vida, mais amplamente, deve ser possível ser autoritário *e* gentil, seguro *e* educado, inflexível *e* solidário. Surgirão combinações de emoções desconhecidas nos seus passados. Passarão a sentir-se recetivos a uma terceira via, uma bondade afirmativa algures entre a aceitação passiva, por um lado, e o *bullying*, por outro.

Os pais que agradam às pessoas podem ao mesmo tempo perceber que é reconfortante para uma criança sentir que alguns dos seus desejos estão a ser negados. Não é divertido para uma pessoa pequena ter de lidar com a sensação de que manda totalmente. Uma impressão de omnipotência é aterradora para um ser humano não desenvolvido, pois é sinónimo de estar sozinho e, essencialmente, sem ser cuidado. Se ninguém o pode controlar, então — logicamente — ninguém tem força para cuidar dele. Se ninguém se incomoda em dizer «não», ninguém se importa com o que lhe vai acontecer. Apesar da sua fúria e das suas declarações presunçosas, a criança percebe — fora da esfera limitada da loja de brinquedos ou da rotina da hora de deitar — que precisa de alguém forte o bastante para a frustrar. Tem uma compreensão suficientemente instintiva da sua própria imaturidade para perceber o amor que está por trás da disciplina. Tem um princípio de mente adulta suficiente para saber que é uma criança.

Para confortar os pais que agradam às pessoas pelo considerável sofrimento de ter de levantar a voz, pode ser útil dar-lhes os parabéns por terem um filho que ousa enfrentá-los. Que feito amoroso é criar alguém seguro o bastante para, às vezes, ser um pouco repelente — e que está suficientemente à vontade para ser capaz de descarregar todas as suas reservas de ódio num dos pais. Por sua vez, que tributo à segurança dos pais saberem testemunhar uma erupção vulcânica de raiva e não serem esmagados por ela nem reagirem com fúria. O seu filho não é «difícil» ou «estragado»; está devidamente vivo e, por isso, naturalmente quer experimentar umas tantas insensatezes (como os pais deveriam ter feito naquela idade, se as condições fossem mais benévolas). Mas também quer que lhe digam, sem qualquer constrangimento, que não pode ter o que quer e tem de ir para a cama imediatamente.

Pelo caminho, os agradadores de pessoas podem aprender outra coisa com que o seu passado não os equipou: a arte de desapontar bem alguém. Lentamente, encontrarão a confiança necessária para ser hábeis com as mensagens difíceis que precisam de ser transmitidas. Quando crianças, não conseguiam matizar as suas mensagens. Não sabiam como transformar a sua dor crua e as suas necessidades em explicações convincentes; tudo o que viram os seus pais a fazer foi gritar e dar ordens. Agora, porém, está ao seu alcance serem resolutos nos seus pontos de vista — mas às vezes também bastante joviais. Podem dizer «não» enquanto indicam que sentem muita boa vontade; podem dizer que o seu docinho está errado sem implicar que é um idiota. *Podem ser agradáveis sem agradar às pessoas.*

Uma maneira de conceber a tarefa de ser pai é que está essencialmente focada em dar más notícias. O trabalho é desiludir uma criança, sistemática e firmemente, quanto à natureza da realidade; tirá-la de uma crença na sua imensidão e autoridade ilimitada e na capacidade do mundo de honrar cada desejo seu, até ao ponto em que ela possa aceitar uma série de limitações e compromissos chocantes, incluindo o facto de que irá morrer. Os bons pais são pastores bondosos para os trágicos factos da existência.

A tentação esperançosa para a criança quando os seus desejos são negados é imaginar que lhe calhou um exemplo de adulto invulgarmente estúpido e equivocado — e que, com sorte suficiente, quando esse adulto morrer ou puder ser afastado da frente, uma maior satisfação prevalecerá. Mas precisamos de insistir numa verdade muito mais dolorosa e sóbria: que o desapontamento do qual somos instigadores não é um qualquer fenómeno local e evitável; faz parte da amargura da própria vida. A criança está a sofrer tristeza e infortúnio às mãos dos pais, mas não é culpa destes. Pode estar a culpar-nos, mas podemos acrescentar (com muita gentileza e considerável melancolia na voz) que, na verdade, deveria dirigir a sua ira a um alvo mais adequado: um universo silencioso e indiferente.

Não obstante, devemos ser tão doces quanto possível em tantas áreas quanto possível, para que, quando finalmente tivermos de dizer «não», a criança confie que não somos apenas um tirano, e que talvez, apenas talvez, possa haver alguma verdade a pairar por trás dos nossos ditames de exasperante pessimismo. Podemos dar a entender quantos compromissos e restrições existem nas nossas próprias vidas: embora estejamos autorizados a conduzir um carro e ficar acordados até tarde, há um cento de outras questões em que também estamos encurralados e que gostaríamos de viver de maneira diferente, se ao menos pudéssemos. Devemos dar aos nossos filhos uma amostra precoce e suave de quanta infelicidade e resignação requerem todas as vidas semidecentes.

16.
Lições de Resiliência

As crianças passam muito tempo preocupadas: que há um monstro debaixo da cama; que um gato gigantesco pode levá-las à noite; que uma inundação pode arrastar a sua casa. Quando, de manhã, buscam conforto dos terrores dos seus sonhos, contam-nos que se imaginaram a ser enterradas vivas, perseguidas por cães em estacionamentos subterrâneos ou com as pernas mastigadas por uma manada de zebras só com um olho.

Para apaziguar as suas preocupações, seguramo-las nos nossos braços e dizemos-lhes que vai ficar tudo bem, que não há nada com que se preocuparem, que estão seguras e que o mundo não lhes fará nenhum dos males que temem. As escolas passam a mesma mensagem: os seres humanos têm tudo sob controlo; os professores sabem o caminho (só precisam de ser escutados); não há necessidade de pânico. Os médicos são igualmente tranquilizadores e além disso têm estetoscópios fascinantes; é apenas um arranhão, vai passar daqui a uns dias, um pouco de pomada e terá desaparecido. E as histórias para adormecer fazem o possível por terminar as coisas de modo agradável: o canguru e a sua mãe viveram felizes para sempre; a menina recuperou a fortuna da família; a coruja voltou para o seu ninho; a lua redescobriu o seu lugar no céu. Ficou, e sempre ficará, tudo bem no final. Agora é hora de dormir. Não, não podemos ler outro. Boa noite, soldado.

Pensamos, ao seguir uma via de otimismo, que estamos a tornar o nosso filho resiliente e a prepará-lo para um mundo às vezes brutal. Nem sempre estamos enganados, mas poderá haver espaço, de vez em quando, para uma abordagem mais sombria, mas igual e perversamente mais tranquilizadora? E se começássemos a imaginar o que poderia acontecer se a coruja se perdesse e a menina não encontrasse o dinheiro? E se pensarmos em como seria se algumas coisas corressem mal e um pouco de pomada não resolvesse? Temos tanto medo de assustar as crianças, será que podemos deixá-las com mais medo ao protegê-las do que é realmente assustador?

Para os filósofos estoicos da Roma Antiga, a maneira de encontrar a calma não era insistir que as coisas más não acontecem. Elas podem acontecer e acontecem a toda a hora — talvez não exatamente da maneira que as crianças pequenas imaginam, mas muitas vezes de forma bastante parecida. Há fome e pragas, incêndios e guerras. Há alguns animais perigosos e algumas pessoas horríveis. Há doenças horrendas e há morte. Mas, fundamentalmente, insistiam os estoicos, embora essas coisas sejam possíveis, podem ser suportadas a um ponto muito maior do que nos inclinamos a pensar. Podem ser pensadas e dominadas pelas nossas mentes. Não devemos deixá-las como preocupações inexploradas e atafulhá-las atrás da consciência; isso é dar-lhes a vitória e permitir que nos perturbem perpetuamente. Até da nossa própria morte podemos estar à altura, e confrontar a sua iminência. Nem sempre há finais felizes; não é nada parecido com o que as histórias infantis sugerem, mas talvez possa haver uma rota, se olharmos para as nossas opções no meio da calamidade.

«Para encontrar a calma», escreveu o filósofo Séneca, «imagina não o que provavelmente vai acontecer, mas o que pode acontecer.» Por outras palavras, visualizemos o pior, levemos as suas preocupações ao limite e vejamos como seria; pode não ser bonito, mas pode não ser mau à sua maneira. Os estoicos aconselhavam percorrer os cenários mais medonhos — desgraça, pobreza, a perda de um membro ou dois, uma epidemia — e tentar analisar os seus terrores frontalmente. O caminho para a força interior não é fugir da ansiedade; é acender a luz do quarto do medo e ver o que o conteúdo é realmente. Se houvesse uma inundação, como poderíamos lidar com isso? Se houvesse uma praga, como poderíamos geri-la? Se tivéssemos um diagnóstico, o que poderíamos fazer a seguir?

A história mais estoica da literatura infantil foi escrita e ilustrada por Judith Kerr, escritora britânica nascida na Alemanha, e publicada pela primeira vez em 1968. *O Tigre que Veio para o Chá* conta a história de uma rapariguinha chamada Sophie que está a tomar chá com a sua mãe quando tocam à campainha. É — como às vezes pode ser na vida — um tigre. Uma reação natural seria entrar em pânico. Pode ser normal gritar. Seria extremamente compreensível se perdêssemos toda a vontade de viver. Mas a mãe de Sophie parece ter lido Séneca e talvez Marco Aurélio também, e conduz o visitante ao seu ritmo. Não é um desfecho ideal, mas também não é motivo para consternação. As coisas acontecem — e a mãe pode ter esperado algo assim. Por isso, começa a tentar apaziguar a fome do tigre.

Dá-lhe toda a comida que têm e afasta-se. O tigre revista os armários; engole tudo em redor; deixa a cozinha numa lástima; chega a esvaziar as últimas gotas de água da torneira. E depois vai-se embora. Quando o pai de Sophie chega do trabalho, fica bastante desapontado por já não haver comida, mas o casal decide que esta pode ser uma ótima ocasião para ir jantar fora, portanto saem e comem algo delicioso num café próximo. No dia seguinte, Sophie e a mãe reabastecem a casa. Encontram uma grande lata de comida de tigre e compram-na «só por precaução». Mas, na verdade, o tigre não volta. Pode ter sido aterradora, mas foi uma visita única. A vida continua. Os tigres vêm para o chá — e depois passam adiante.

Judith Kerr, *O Tigre que Veio para o Chá*, 1968

Os estoicos teriam chamado *O Tigre que Veio para o Chá* uma premeditação, ou uma exploração de um cenário difícil concebido para nos mostrar que aquilo pode acontecer, mas também pode ser suportado. Não fazemos justiça aos nossos filhos quando achamos que só podem suportar a felicidade. Como todos os seres humanos, eles estão preparados para a catástrofe. O que é mais amoroso e realista não é fingir que os acontecimentos temíveis não nos sucedem; podem suceder, e no seu percurso podem destruir aquilo que consideramos valioso. A principal ação quando estamos assustados é permanecer com os nossos medos o tempo suficiente para medir o que as coisas terríveis podem realmente fazer connosco e analisar as coisas até ao ponto em que possamos perceber que poderíamos suportar o que, de longe, parecia desastroso. É saber que os tigres virão e que, após alguns problemas e danos consideráveis, tendem a ir-se embora novamente.

17.

Lições de Boas Maneiras

Uma das primeiras — e mais aborrecidas — lições que as crianças recebem é sobre a importância de ser «amável» (como dizem os adultos). É por causa desse imperativo aparentemente excêntrico que os pais recomendarão a uma criança, umas quinze vezes numa só semana, que envie uma carta de agradecimento à avó pelo horrível chapéu que esta lhe tricotou. Ou que tem de acrescentar um «por favor» sempre que pedir praticamente qualquer coisa, mesmo um guardanapo de papel, a seja quem for. Isso deixa as crianças com poucas dúvidas: a amabilidade é importante e totalmente estúpida.

À medida que as crianças crescem, tornam-se melhores na mecânica superficial da amabilidade, mas não necessariamente melhores a perceber a razão por que a amabilidade é importante. O assunto permanece sob algumas das mesmas nuvens rígidas ou sentimentais sob as quais lhes foi apresentado pela primeira vez quando eram mais novas. Limitam-se a sucumbir aos seus ditames mais prontamente e passam a ser um pouco mais rápidas com as cartas.

A verdadeira razão pela qual a amabilidade é importante resume-se a um pensamento que durante muito tempo os pais podem evitar partilhar com os seus filhos: o de que os adultos são alarmante e quase ilimitadamente sensíveis. Não estão convencidos do seu próprio valor, do seu direito de existir, da sua legitimidade, das próprias declarações sobre o amor, da sua decência e capacidade de interessar alguém pelas suas dores e destinos finais. Precisam tão desesperadamente de amabilidade, até das mais pequenas frações (uma porta aberta, um elogio a um biscoito, um aniversário lembrado), não porque estejam apegados ao decoro em si, mas porque estão permanentemente a oscilar sobre um precipício de desespero e aversão por si mesmos. A impressão de autoconfiança adulta é uma farsa; por dentro, logo abaixo de uma camada de competência, os adultos estão aterrorizados e perdidos, inseguros e intranquilizados — e prontos para se agarrarem a qualquer sinal, por menor que seja, de que merecem continuar.

É compreensível que os adultos tentem esconder esse tipo de suscetibilidade dos seus filhos (e de si mesmos), ou se esqueçam de mencioná-la, e apresentem a necessidade de amabilidade como decorrente de algum requisito abstrato de obediência. O que poucos pais se atrevem a dizer aos filhos é que, se a avó não receber o cartão, pode acordar de madrugada — daí a algumas semanas — e perguntar-se se tudo o que faz realmente vale a pena, se desperdiçou toda a sua vida e se essa pequena rejeição não faz parte de um velho padrão de coisas que nunca lhe correm bem. Pode parecer demasiado que contar a uma criança, com as suas esperanças imaculadas no futuro, mas realmente somos criaturas que se preocupam com um comentário brusco e que podem cair em autoaversão porque alguém nos deu um encontrão numa loja ou não disse obrigado por um lápis. Aquilo a que chamamos ser bem-educado é uma maneira de emprestar aos outros uns trocos na moeda emocional de esperança e coragem da qual dependemos para a nossa sobrevivência.

As crianças assumem a amabilidade quando são ajudadas a perceber o poder que possuem, numa quantidade surpreendente de situações, para resgatar outro ser humano do desprezo por si mesmo. Começam a ser amáveis também quando percebem o quanto precisam que os outros sejam amáveis *com elas*. Não é um pensamento óbvio. Podem imaginar que não se importam com o comportamento dos outros, porque as pessoas à sua volta têm sido em geral tão gentis; é difícil notar a presença do que nunca nos faltou.

As crianças podem sentir que não se vão deixar ferir tão facilmente, adotando um pouco da pseudovalentia de uma criança de 6 anos que sai de casa sem o sobretudo num dia de inverno, apesar das súplicas dos seus pais. Mas, aos poucos, podem vir a conhecer um pouco melhor os seus próprios corações e sentir com mais sinceridade as suas próprias dores e, portanto, perceber que estão à mercê daqueles com quem interagem. Podem ficar tristes e apáticas no final de um dia na escola; em vez de se distraírem com a Internet ou descarregarem a sua frustração no cão, podem dar-se conta de que se estão a sentir derrotadas porque uma pessoa na escola não as convidou para participar num jogo ou riu-se um pouco alto de mais da anedota de outra pessoa. Ou podem dar-se conta de que estão realmente incomodadas porque alguém de quem gostavam não mencionou que fora fazer compras com um rival.

Quando, por sua vez, têm um filho, podem surpreender-se a insistir para que ele escreva uma carta rapidamente, embora devessem acrescentar — se se conhecerem suficientemente bem — algo que possa levar a carta a ser escrita com um pouco mais de sentimento: que se a avó não tiver notícias dele, pode ficar triste, pode começar a preocupar-se consigo mesma, pode perguntar-se se não é boa a ser avó...

Em última análise, não levamos criança alguma a tornar-se amável fazendo-a pensar em boas maneiras. Conseguimo-lo ajudando-a a pensar sobre o medo e o ódio a si mesmos em que, sem os confortos da amabilidade, outros podem cair. Para gerar filhos atenciosos, os pais não devem insistir, sem explicações, nas regras do decoro. Devem ajudar os seus filhos abrindo-lhes os olhos para um pensamento implausível sobre a natureza humana: a extensão da insegurança sentida pelas outras pessoas (até as muito grandes) e a correspondente suscetibilidade destas à vergonha e à solidão, o seu desejo de serem tranquilizadas e o seu anseio por qualquer sinal (por menor que seja, mesmo do tamanho de um cartão com um lindo pássaro desenhado à mão na frente) do seu direito de existir.

18.
Lições de Adolescência

Um dos pensamentos mais tranquilizadores para todos os pais é o conhecimento de que existe mesmo uma normalidade para uma determinada idade.

Por exemplo, quando se tem 13 anos, é normal odiar os pais, usar roupas incomuns, passar o tempo todo no quarto, jogar no computador sem parar, falar em tom monótono, sentir-se totalmente incompreendido e rejeitar todos os outros membros da família como idiotas. Tal não é loucura, como seria num adulto; chama-se ter 13 anos. Quase seria alarmante se fosse de outra forma.

Como todos os adolescentes, os de 13 anos são extremamente infelizes. Ser mal-humorado nunca é bonito de se contemplar, mas se há algum período da vida em que esse humor pode ser justificado e de certa forma considerado importante, é no período entre os 13 e os 20 anos. É difícil imaginar que teremos umas próximas seis décadas bem-sucedidas, ou sequer minimamente satisfatórias, se não tivermos usufruído nesse período de uma boa dose de introspeção agonizante, grunhidos, choros e intensa desorganização.

Na raiz da tristeza e da cólera dos adolescentes está o reconhecimento de que a vida é mais difícil, mais absurda e menos gratificante do que se poderia suspeitar ou ser levado a supor pelos bondosos representantes do mundo adulto. A proteção sentimental da infância desaparece e, para grande cólera do adolescente, surge uma série de revelações horríveis, mas profundamente importantes.

Para começar, reconhecemos que ninguém percebe quem realmente é. Isso não é inteiramente verdade, mas quanto mais complicado for um ser humano, menos provável será que seja fácil e imediatamente compreendido. Portanto, à medida que uma criança se torna um adulto, as hipóteses de quem está à sua volta compreender rapidamente e simpatizar com a sua condição interior diminuem drasticamente.

A primeira reação do adolescente é julgar-se singularmente amaldiçoado. Mas a melhor revelação, por fim, é que a verdadeira ligação com outra pessoa é espantosamente rara. Isso leva a uma série de mudanças importantes. Em primeiro lugar, a um sentido de gratidão elevado e mais apropriado para com quem o compreende. Em segundo lugar, a maiores esforços para se fazer entender. Os grunhidos maldispostos do início da adolescência podem dar lugar à eloquência da poesia, diários e canções da adolescência ulterior. Algumas das mais belas peças de comunicação que a humanidade já produziu foram o trabalho de jovens que não conseguiam encontrar ninguém com quem pudessem conversar.

Por fim, a sensação de ser diferente das outras pessoas, embora possa ser problemática no momento, representa uma altura crítica em que uma nova geração começa a investigar e a melhorar a ordem existente. Ter 16 anos e achar tudo perfeito como está seria uma conclusão aterradora e estéril. A recusa em aceitar a loucura, o erro e o mal do mundo é uma condição prévia para a realização de objetivos. Realmente, parece não haver escolha senão ser extremamente infeliz a meio da adolescência se quisermos ter alguma hipótese de fazer algo com o resto da vida.

Outra revelação importante da adolescência é que se odeia os pais. É realmente uma enorme homenagem ao amor dos pais se os seus filhos adolescentes se voltarem para eles e lhes disserem alto e bom som que os detestam. Não é um sinal de que algo correu mal; é prova de que a criança sabe que é amada. Os adolescentes realmente preocupantes não são aqueles que se portam mal à volta dos seus pais e descarregam neles a sua miséria aleatória; são aqueles que estão tão preocupados por não serem amados que não podem arriscar dar um passo em falso.

Para desenvolver confiança adequada em outros seres humanos, pode ser importante ser capaz de pôr à prova alguns exemplares, dizer-lhes as piores coisas em que se pode pensar e depois vê-los manterem-se por perto e perdoar. Temos de ter algumas tentativas de romper o amor para acreditar que ele pode ser sólido.

Claro, os pais são irritantes de muitas maneiras. Mas também isso é uma revelação importante. Nunca sairíamos de casa e nos tornaríamos também pais se não estivéssemos de algum modo a compensar os problemas, erros e vícios que primeiro identificámos nos nossos próprios pais.

Outra fonte de tristeza adolescente é a quantidade de grandes perguntas que de repente nos enchem a mente, não sendo esta a menos importante: *qual é o sentido de tudo isto?* Também esse questionamento é vital. O tipo de questões que os adolescentes levantam tende a criar resistência, mas isso tem mais a ver com a forma como respondem do que com as próprias questões. Qual é o significado da vida? Porque é que existe sofrimento? Porque é que o capitalismo não recompensa as pessoas de forma mais justa? Os adolescentes são naturalmente filósofos. A verdadeira conclusão da adolescência não é parar de fazer perguntas enormes e seguir com o dia a dia. É ter adquirido os recursos e a inteligência para construir uma vida inteira em torno das grandes questões que começaram a obcecar-nos aos 17 anos.

Por último, o que é mais pungente, os adolescentes tendem a odiar-se. Odeiam a sua aparência, a forma como falam, a impressão que passam. Parece o oposto de ser amado, mas na verdade esses momentos isolados de ódio a si mesmo são o começo do amor. Esses sentimentos são o que será, um dia, a base do êxtase que esses adolescentes sentirão na presença de uma companhia rara que consegue aceitá-los e retribuir o seu desejo. A intimidade nada significará para eles, a menos que tenham passado muitas noites sozinhos a chorar até adormecer.

A natureza parece ter arranjado as coisas para que não possamos chegar a certas revelações sem sofrimento. A verdadeira distinção é entre sofrer com um propósito e sofrer em vão. Apesar de todos os horrores da adolescência, uma das suas glórias é que o sofrimento que esta inflige está em grande parte enraizado em alguns dos desenvolvimentos e realizações mais fulcrais da vida adulta. Esses poucos anos de fascinante infelicidade deveriam ser celebrados por nos oferecerem um sabor das mais frutíferas espécies de sofrimento.

19.
Lições de Limites

Numa pintura de Angelica Kauffman, artista suíça do século XVIII, estamos no pórtico de uma casa aristocrática na Roma Antiga no século II a.C. Uma digna viúva chamada Cornélia recebeu a visita de uma amiga, que lhe vai mostrando com entusiasmo algumas das joias de uma caixa

Angelica Kauffman, *Cornélia, Mãe dos Gracos, Apontando para os Seus Filhos como Seus Tesouros*, c. 1785

que tem ao colo. Segura um colar de ouro luxuoso, usa brincos caros e traz à cintura um cinto incrustado. Mas Cornélia, embora rica, não tem interesse em tais coisas. O seu vestido é simples e sem adornos; o seu cabelo está arranjado com um simples envoltório. As suas verdadeiras preocupações estão noutro lugar: com a mão esquerda, está a segurar a sua filha, Sempronia; com a direita, aponta para os seus dois meninos, Caio e Tibério. E está a dizer à sua amiga versos que seriam conhecidos por todos os europeus com educação clássica desde o Renascimento até ao final do século XIX: *Haec ornamenta mea sunt* («Estas são as minhas joias»).

Por outras palavras, as pessoas que realmente compreendem o sentido da vida sabem que tudo tem a ver com as crianças. Como Cornélia, a sua atenção é dedicada ao bem-estar e à educação da geração seguinte.

Laurent de La Hyre, *Cornélia Rejeita a Coroa dos Ptolomeus*, 1646

A sua própria satisfação vem muito atrás, como o demonstra outra cena bem conhecida da vida de Cornélia, impregnada na consciência europeia e repetidamente descrita por artistas. Quando Ptolomeu, o rei do Egito, tentou seduzi-la e se curvou para lhe oferecer a coroa da sua nação, diz-se que a mulher romana de vida simples se limitou a apontar para os seus filhos e disse educadamente: *Nihil* («Nada»). Qual era o sentido do amor e do Egito, quando podia ficar em casa com os pequenos?

A história de Cornélia pode ter sido repetida na arte por longos períodos da história, mas nunca foi considerada normal. Era para a parentalidade o que os feitos de Hércules eram para a destreza física: uma conquista para contemplar de baixo, não um cume onde esperar estabelecer-se. O que marca a nossa época é que a anomalia se tornou a norma. Agora todos nós devemos ser Cornélias. Ter e criar filhos com total devoção é considerado um objetivo supremo, mas também universal. Não é meramente uma coisa que podemos fazer entre outras; é o que todos devemos fazer para dar valor às nossas vidas. Podemos ser atraídos por alternativas — fama, dinheiro, viagens, criatividade — mas nenhuma pode realmente ter importância ao lado do que deveria ser a estrela maior das nossas preocupações: os nossos pequenos ornamentos — se calhar neste instante a atirarem terra uns aos outros no jardim ou (se as joias forem um pouco maiores) recolhidos nos seus quartos a meio da tarde, a chorar ou a enviar aos amigos taciturnas mensagens de texto.

Apesar do comportamento solene de Cornélia, e apesar dos momentos de extraordinária alegria (aquela época em que os vemos a dormir angelicalmente nos seus pijamas com padrões de peixinhos dourados ou os recebemos nos nossos braços quando correm na nossa direção depois de um dia na escola primária), provavelmente temos de admitir alguns pensamentos mais sombrios que nos passam pela consciência com bastante regularidade. Quando os vemos a discutir ingratamente connosco, quando testemunhamos mais uma das suas birras por coisa alguma, quando contemplamos os seus hábitos desleixados, quando consideramos as nossas casas riscadas e cheias de lixo, podemos interrogar-nos se Cornélia tinha realmente razão. Amámo-los tanto, sacrificámos partes tão importantes das nossas vidas, mas valeu a pena para algum dos envolvidos?

Às vezes, em momentos de crise, estamos sujeitos a enfrentar algumas emoções complexas e tabus. Se formos honestos, podemos sentir que não gostamos muito dos nossos ornamentos; podemos até desejar que eles pudessem ir-se embora e (da maneira mais simpática possível) que nunca tivessem nascido. Podemos sentir que o nosso amor por eles não foi suficiente. Longe de redimir as nossas vidas, podem tê-las arruinado. Percebemos que demos à luz seres humanos, não anjos. Algumas das verdades melancólicas e amargas das três da manhã desfilam assim:

O PAPEL É IMPOSSÍVEL

Foi-nos dada uma tarefa inteiramente incontrolável, na qual estávamos destinados a falhar segundo as definições de sucesso imperantes. As crianças não vão ser excecionais. Não são exemplares e fizemos uma quantidade incontável de erros, apesar do nosso desejo apaixonado de os evitar. No passado, poderíamos ter escapado impunes. Não havia a preocupação de ser «bom» pai ou «boa» mãe. A única que se preocupava era a criança; preocupava-se em ser suficientemente boa para nós, em ir de encontro às nossas expectativas e em não nos desapontar. Deitavam-se na cama à noite, a rezar para que se tornassem pessoas mais decentes, de quem déssemos conta e gostássemos. O nosso papel era tão simples: era castigar a criança, apontar sinceramente as suas muitas falhas, forçá-la a seguir as nossas regras, insistir para que se casasse com a pessoa que achávamos certa para eles (e para nós) — e então, se tivessem sido muito boas e cuidassem de nós na velhice, deixar-lhes-íamos alguma coisa no nosso testamento.

Mas à medida que o mundo se tornou moderno, as regras mudaram. Espera-se agora que os pais sirvam a criança; devemos preocupar-nos em não *os* desapontar. Qualquer infelicidade na criança tornou-se culpa dos pais; o seu fracasso não é problema deles, mas nosso. Qualquer coisa que corra mal com uma pessoa, mesmo de meia-idade, só pode ter uma causa: parentalidade inadequada nos primeiros anos. A parentalidade deixou de ser uma tarefa prática, doméstica e baseada na disciplina para se tornar uma proeza multifacetada que até um deus hesitaria em assumir ou perceber como manobrar.

TRABALHO E FAMÍLIA

Infelizmente, os novos ideais ambiciosos de parentalidade desenvolveram-se exatamente no mesmo momento que o capitalismo moderno. Por outras palavras, justamente quando se fizeram exigências sem precedentes nas nossas vidas profissionais, também a esfera dos pais se tornou mais exigente do que nunca. Já não se espera que apareçamos no trabalho apenas para obter uma remuneração. O trabalho projetou-se como a obsessão voluntária de todas as pessoas admiráveis. Devemos vir trabalhar cedo e ficar a pé até tarde. Devemos aproveitar todas as possibilidades para trabalhar nos fins de semana e viajar até cantos remotos para participar em conferências e congressos. Devemos gastar até à última gota de energia para chegar ao topo da pirâmide corporativa — exatamente na altura em que a sociedade também começou a esperar que estivéssemos em casa todas as noites para ler histórias à hora de deitar e cultivar um interesse íntimo por todos os detalhes da vida interior de uma criança. O capitalismo e os cuidados de infância estão em conflito, mas nenhum deles o admite; na verdade, ambos os lados nos torturam ao prometer que podemos ser capazes de alcançar o «equilíbrio entre vida profissional e pessoal», um ideal tão sentimental e humilhante como esperar que alguém consiga ser simultaneamente bailarina profissional e neurocirurgiã.

SOMOS UM SACO DE PANCADA

A nossa bondade para com os nossos filhos, longe de gerar respeito e gratidão, deixou-nos como as figuras supremas de culpa por cada transtorno e revés. Imaginem que as pás do helicóptero do controlo remoto do seu filho se partiam após cinco minutos, quando o leitor começava a ganhar jeito a pilotá-lo. A culpa é toda dos fabricantes. Mas, infelizmente, esses não estão presentes na cozinha — portanto, de imediato e não pela primeira vez, o leitor transforma-se no alvo do desapontamento furioso de uma criança de 5 anos. O repetido mau comportamento é surpreendente. O leitor certamente não era tão difícil com os seus pais quando era jovem, mas, por outro lado, nunca se sentiu tão amado. Todas aquelas garantias — «Eu estarei sempre ao teu lado» — compensaram perfeitamente: encorajaram o seu filho a dirigir a sua frustração e desilusão para o adulto amoroso que mais entusiasticamente sinalizou que poderia aceitá-lo e aceitaria. A sua bondade fez de si um saco de pancada.

TEMOS DE SER DESMANCHA-PRAZERES

O leitor só queria ser amável. Na realidade, também terá de ser chamado um déspota. A natureza humana tem uma forte inclinação para o que é mais imediatamente agradável e divertido. E todavia, a tarefa central e inevitável de pais amorosos é encorajar a criança a adiar a gratificação no interesse da sua própria realização a longo prazo. É por isso que haverá brigas, e serão feias. Afinal, é muito mais agradável um jogo de vídeo do que aprender a escrever «foice» ou «humilhação»; é muito mais divertido ver o que acontece se pintarmos as unhas do que fazer o trabalho de matemática; muito melhor ler uma banda desenhada do que escovar os dentes; muito mais gratificante ficar na cama do que ter uma carreira.

Por amor, os pais devem ser os representantes do dever. E por isso serão punidos e caluniados. Serão tratados como se tivessem arbitrariamente inventado os mecanismos da cárie dentária e tivessem pessoalmente projetado um sistema económico onde jogar no computador não estivesse relacionado com a capacidade de pagar contas. Serão punidos por sempre trazerem à superfície factos indesejáveis; por manter a realidade presente. E serão desfavoravelmente comparados a pessoas que dão à criança o que ela quiser, porque simplesmente não se importam com ela. São as personagens hedonistas irrefletidas, aquelas que sugerem sessões de desenhos animados pela noite inteira e aparecem com gelados, que serão vistas como os heróis, enquanto os pais carinhosos e negadores têm de lidar com serem chamados tacanhos e, mais tarde, e com particular veemência, fascistas.

TEMOS DE EXERCER AUTORIDADE EM VEZ DE ENSINAR

No princípio, o sonho é persuadir a criança a fazer certas coisas difíceis sem ter de exigir que o faça à força. O sonho é nunca ter de «exercer autoridade», o que significa contornar a razão para impor uma conclusão. O sonho é ensinar e nunca depender das armas mais básicas, como lembrar que somos mais velhos, mais ricos e maiores. Queremos enfrentar a intransigência com lógica e calma. Queremos a criança a fazer de bom grado aquilo a que inicialmente resistiu com paixão. Pensamos com desgosto nos pais vitorianos a exigir obediência dizendo simplesmente: «Porque eu sou tua mãe» ou «Porque eu sou teu pai».

Para a criança, o significado dessas palavras, «mãe» e «pai», mudou inteiramente; agora significam apenas «alguém que me vai tornar as coisas agradáveis» e «alguém com quem vou concordar se perceber do que é que está a falar». Mas as tentativas de apelar à razão de uma criança só podem ir até certo ponto. Diga-se o que se disser em voz suave, a criança não come vegetais; não vai querer sair da cama de manhã; vai querer fazer pouco do irmão ou da irmã mais novos; não vai parar de jogar. Quando a criança é muito pequena, é bastante fácil lidar com esses protestos: basta erguê-la ou distraí-la de alguma forma gentil por um instante. Mas mais tarde, aos 6 anos, precisamos de usar a autoridade: às vezes só precisamos de afirmar que nós é que sabemos, sem explicar as razões.

A criança não pode ter os pedacinhos de experiência relevantes que tornariam as nossas lições compreensíveis. Uma menina de 9 anos não consegue perceber como humilhar fisicamente o seu irmão de 6 anos é uma má ideia, porque isso pode impedi-lo de se relacionar facilmente com as mulheres quando for mais velho. Não é culpa dela que não consiga perceber. Seria pouco razoável esperar que uma criança de 9 anos compreendesse corretamente a força e a direção da preocupação adulta. O sonho é que possamos transmitir à criança conhecimentos que foram dolorosamente acumulados através da experiência e, assim, poupar-lhe tempo. Mas na ausência de experiência, o conhecimento não funciona. Não podemos apressar as crianças a tirar conclusões; não podemos poupar-lhes tempo. Precisarão de cometer muitos dos mesmos erros (e alguns novos também) e desperdiçar boa parte das suas vidas a descobrir o que já sabemos.

NÃO PODEMOS TORNAR AS COISAS DEMASIADO AGRADÁVEIS PARA AS CRIANÇAS

A cultura moderna fica irritada e horrorizada com a ideia de que o desenvolvimento pode exigir sofrimento. Fomos traumatizados pelo entusiasmo bárbaro e antiquado pela punição; pela opinião expressa por gerações de professores sádicos de que o sucesso exige dor; pela noção de que existe uma relação necessária entre o desconforto inicial e a humilhação e a força e o «carácter» posteriores. Não nos limitámos a rejeitar os velhos mecanismos de infligir sofrimento (os banhos frios, os espancamentos); na maioria das vezes, procurámos abolir completamente o sofrimento. A bondade tem triunfado. No entanto, essa tentativa de abolir o sofrimento envolve travar uma guerra contraproducente e, em última análise, cruel com os factos da natureza humana.

Sabemos por experiência própria que crescemos com coisas que tinham um lado doloroso: que houve terrores, rejeições e desapontamentos que nos tornaram mais maduros e mais capazes de buscar os nossos objetivos. Sabemos que o impulso para realizar certas coisas, dominar algum material difícil, triunfar sobre outros ganhou parte do seu poder do medo e insegurança. Porque alguém (talvez um dos pais) nem sempre acreditou em nós, redobrámos os nossos esforços. Porque tínhamos medo das consequências do fracasso, pois o sucesso era a única maneira de impressionar alguém a quem amávamos e que não se impressionava facilmente, fizemos um esforço suplementar. Queremos desesperadamente que o nosso filho se torne maduro, mas sem passar por coisas terríveis. Odiamos ser um agente do medo. Queremos sempre saudar e abraçar. Queremos que tudo seja agradável. No entanto, também sabemos, nos nossos corações, que a dor é uma característica inevitável no caminho para uma vida bem-sucedida.

NÃO PODEMOS GARANTIR A BONDADE DAS CRIANÇAS

A visão romântica da existência vê todos os seres humanos como fundamentalmente bons desde o nascimento: apenas a educação e a falta de amor nos corrompem e danificam e, no processo, nos tornam cruéis. O romantismo afirma que se uma criança puder crescer livre de ansiedade, segura e rodeada de amor, nunca irá partir o brinquedo de outra criança, rasgar as suas pinturas ou tentar assustá-la. Se a uma criança tiver sido mostrada bondade de forma confiável, será confiavelmente boa. Mas a experiência sugere a existência de alguns lados mais obscuros latentes em nós e fora do alcance do comportamento mais gentil; certos tipos de agressão, crueldade e violência gratuita parecem ser inatas.

Uma criança pode querer bater no irmão apenas por excesso de vitalidade, tédio ou sadismo inato. Pode ser divertido dar uma estalada na cara de alguém para ver o que acontece. É por isso que se costumava insistir tanto nas boas maneiras. Aqueles que as apoiavam não acreditavam que uma criança pudesse ser espontaneamente boa simplesmente por haver recebido amor. De facto, uma firme negação do amor era necessária para ajudar a criança a criar um muro entre o que poderia sentir por dentro e o que sabia ser permitido expressar com os outros. Ser rigoroso não era um caminho para tornar alguém mau; era a maneira de ensinar uma pessoa a manter o seu mal firmemente trancado dentro de si.

NÃO PODEMOS GARANTIR O SUCESSO DOS FILHOS

Os pais modernos acreditam ser possível moldar um ser humano feliz, realizado e bem-sucedido. É daí que deriva a atenção minuciosa aos pormenores, desde a compra do berço até a calendarização das atividades extracurriculares. É isso que explica as aulas de mandarim, a trompa, as viagens educacionais ao campo e as ruinosas mensalidades dos explicadores — porque com tudo isso a funcionar, o destino e o fracasso podem seguramente ser mantidos à distância. No entanto, a relação entre esforço e recompensa é mais bizarra e mais aleatória. Não podemos poupar aqueles que amamos do cálice da tristeza humana — seja qual for a intensidade dos nossos programas extracurriculares.

SEREMOS ESQUECIDOS

O leitor toma muito cuidado para não ser assustador. Faz piadas patetas, faz vozes engraçadas, finge ser um urso ou um camelo — tudo para não intimidar, para ser acessível, como os seus próprios pais não eram. Deveria ser uma receita para o amor recíproco. Mas, estranhamente, gostamos de pessoas difíceis como muitas vezes não gostamos das simpáticas — pessoas que não conseguimos perceber, que não estão por perto com tanta frequência, que são um pouco assustadoras e têm um apelo só delas. Essas pessoas prendem-nos, de uma maneira que os gentis e estáveis nunca fazem. Perde-se autoridade por se ser natural, acessível, amigável, um pouco tolo; o palhaço que não quer assustar. Um pensamento ainda mais desanimador vem à mente. Ame-os de forma confiável e sem medo e será esquecido. Seja distante, intermitente, muitas vezes ausente e profundamente instável, e ficarão obcecados por si a vida inteira.

A VIDA PARA A QUAL OS PREPARARMOS ESTÁ CHEIA DE DOR

O leitor trabalha tanto porque, de algum modo, espera que a criança possa ser feliz neste mundo. Mas os factos da vida são amargos; ninguém passa por ela sem agonia. Ao observá-la a dormir, poderá querer dizer-lhe as seguintes coisas sombrias:

«Docinho, vais ter de fazer tanta coisa que não queres para passar por esta vida dolorosa. Um dia, daqui a muitos anos, serão 3 da tarde de uma terça-feira e estará um tempo lindo lá fora, mas vais estar a analisar tendências de preços da eletricidade na Bélgica ou a perseguir um cliente que se está a decidir se quer investir num parque de estacionamento de vários andares em Croydon (onde ainda nunca foste). Não te vai interessar minimamente, mas terás de o fazer — porque vais ter contas para pagar e uma carreira a manter. Achas que os trabalhos de casa terminarão quando tiveres terminado a escola, mas aqui está a verdade insuportável que nós, adultos, não nos conseguimos resolver a dizer-te: ter de fazer coisas que não queres fazer continua por toda a vida. É — de muitas formas — aquilo que a vida é. Quando estiveres numa relação, vais precisar de fazer coisas que o teu parceiro quer, mesmo que não te atraiam. Vais ter de visitar a sua horrível família. Vais precisar de pensar em coisas interessantes para dizer sobre um filme de que não gostaste. Vais ter de fazer conversa com a sua tia, que te assusta um pouco, e com o irmão, que achas completamente desinteressante.

A agonia prosseguirá numa série de campos. Certas pessoas vão julgar-te de maneiras que são manifestamente injustas — e não vais poder fazer nada quanto a isso. Os inimigos vão odiar-te sem motivo. Se reclamares, vão chamar-te suscetível; se não reclamares, entenderão o teu silêncio como uma admissão de culpa. Durante algum tempo vais continuar a pensar que consegues escapar — que virá uma altura em que o sofrimento e a incompletude chegarão ao fim. Talvez depois da universidade, ou depois de ganhares algum dinheiro, ou quando te casares, ou depois de te divorciares, ou quando os filhos saírem de casa. Vais sonhar com um lugar e um tempo sem ansiedade, sofrimento e sentimentos de perda e alarme. Mas nunca vais chegar lá.

Durante todo esse tempo, vais precisar de continuar a fazer enormes esforços e os momentos divertidos serão cada vez menos e mais espaçados. Vais ter de tomar atenção ao que comes, mesmo quando ansiares outro bocado de bolo de cenoura. Vais descobrir que as coisas mais deliciosas engordam e que, em certas alturas da vida, vais desejar comida como o único prazer que te é permitido. No teu tempo de lazer, terás de te obrigar a fazer exercícios de alongamento porque os teus membros vão começar a endurecer. Um dia, vais perceber que estás a envelhecer lenta, mas percetivelmente. A tua pele vai endurecer. Pequenas linhas aparecerão ao redor dos teus olhos. A tua foto má de há dez anos será melhor que a foto mais lisonjeira deste ano. Chegará um momento em que vais ter de te obrigar a marcar uma consulta com o radiologista; vais ter de aceitar o terrível veredito, ainda que seja loucamente idiota que a tua vida, a tua deslumbrante existência interior, o teu puro encanto e beleza e o teu deleite ao ver o céu e as árvores, irão chegar ao fim neste mundo sem sentido, estranho, espantoso e entusiasmante.

A tua vida vai ser, de certa forma, uma longa sequência de diferentes tipos de trabalhos de casa. Horrivelmente, a matemática ou o francês são a versão mais fácil: um guia para principiantes, quase um prazer.»

OS FILHOS VÃO PREJUDICAR A NOSSA RELAÇÃO

A esperança era que o amor por uma criança aprofundasse a sua relação com o seu cônjuge, mas quase certamente aconteceu o contrário. Há tão mais para discutir e tantas novas áreas para ressentimento. Duas perspetivas sobre educação dos filhos a colidirem desde o início. O que significa o choro? Qual é a melhor hora para os acordar? Devem comer banana ou abacate? Cada um tentará repetir coisas boas do seu passado, evitando as más e, previsivelmente, estas revelar-se-ão diferentes. Uma pessoa estará a fugir de um comportamento dominador e autoritário; a outra recomendará limites e uma noção decidida de comando, após sofrer com os excessos do liberalismo.

O leitor discutirá apaixonadamente questões incognoscíveis; nunca ficará totalmente claro se as crianças precisam de arrotar ou de serem passeadas, estudar química ou escolher geografia, fazer a viagem da escola ou ficar em casa. O que ficará evidente é que nunca se importou tanto com um problema na vida e discutirá prontamente, em voz alta, para defender a sua opinião. Ao longo do percurso, é provável que o sexo seja destruído. Parece tão contrário à atmosfera de um lar com crianças. Não é apenas praticamente difícil, é conceptualmente desajeitado; a intimidade física e o amor pelos filhos não se misturam. Como é que a uma pessoa que há um minuto estava ocupada a ler uma história a uma terna criança de 3 anos, pode repentinamente apetecer ser amarrada e açoitada? Como a exemplar figura romana de Cornélia sugeriu ao rei do Egito, o amor parental pode ser o inimigo do prazer sexual.

ALGUNS DOS PROBLEMAS SÃO DA SOCIEDADE

Vivemos numa era rigidamente apolítica que atribui todo o mau funcionamento mental a problemas de psicologia e não aos da sociedade em geral. Há apenas uma explicação para as crianças que não se conseguem orientar:

a sua família de origem. Não admitimos que as dificuldades para formar relações ou encontrar um propósito, a solidão ou a ansiedade possam ser o resultado de escolhas feitas a um nível macro e não micro. Injustamente, personalizámos a política e acabámos por colocar os pais e as suas supostas inadequações no centro da culpa.

VAMOS LEGAR-LHES NOVOS PROBLEMAS

Envidando todos os esforços, teremos uma boa possibilidade de os poupar aos nossos problemas específicos. Podemos ter tido medo dos nossos pais, mas os nossos filhos não precisam de ter medo de nós. Faltaram-nos bens materiais, mas eles terão bastantes. Mas ao tentar evitar um problema, corremos sempre o risco de gerar outro. Talvez a sua falta de medo de nós os leve a uma abordagem indisciplinada e negligente de seu trabalho. Ou o seu conforto material lhes inspire ingratidão e letargia. Há tantas maneiras novas de as vidas correrem mal que, ao poupar os nossos filhos a certas formas de infelicidade, estamos apenas a aumentar o risco da sua exposição a outras.

SUFICIENTEMENTE BOM

Apesar de todas as dificuldades, talvez o que devamos realmente procurar não seja um processo sem quaisquer problemas. Donald Winnicott, psicanalista inglês de meados do século passado, especializado no trabalho com pais e filhos, ficou perturbado com a frequência com que encontrava nos consultórios pais que estavam profundamente desapontados consigo mesmos. Sentiam que estavam a fracassar como pais e, por conseguinte, odiavam-se. Tinham vergonha das suas brigas ocasionais, das suas explosões de irritação fácil, dos seus momentos de tédio à volta do filho e dos seus muitos erros. Perseguia-os uma série de perguntas ansiosas: seremos muito rígidos, muito brandos, demasiado protetores, insuficientemente protetores? O que impressionava Winnicott, porém, era que essas pessoas não eram, quase sempre, maus pais. Eram amorosas, com frequência muito gentis, interessadas nos seus filhos e esforçavam-se por atender às necessidades deles e compreender os seus problemas da melhor maneira possível. Como pais, eram — como definiu Winnicott — «suficientemente bons».

Winnicott identificou uma questão fundamental. Muitas vezes, atormentamo-nos porque temos uma visão exigente e impossível de como deveríamos ser em várias áreas das nossas vidas. Essa visão não surge de um estudo cuidadoso de como são as pessoas reais. É uma fantasia, um perfeccionismo punitivo, extraído do éter cultural. Quando se trata de parentalidade, imaginamos uma fantasia de pais que estão sempre calmos, sempre perfeitamente sábios, sempre presentes quando o filho precisa deles; cujos filhos sempre comem de boa vontade refeições nutritivas, brincam com alegria e não querem passar todo o seu tempo online. Não existem pais e filhos assim. Mas uma conceção romântica dos pais perfeitos pode ocupar as nossas mentes e deixar-nos ansiosos e insatisfeitos, pois a nossa vida familiar parece tão desordenada e confusa em comparação. As expectativas extraordinariamente exageradas e pouco razoáveis só nos deixam capazes de perceber onde fracassámos.

Com a frase «suficientemente bom», Winnicott dava início a um projeto extremamente importante. Queria afastar-nos da idealização. Os ideais podem soar bem, mas trazem consigo um problema terrível: podem fazer-nos desesperar com as coisas meramente boas que já fazemos e temos. «Suficientemente bom» é uma cura para a doença da idealização.

É importante sermos apenas pais suficientemente bons. Pais perfeitos criariam dores de cabeça às crianças; estabeleceriam um padrão aquém do qual estas iriam sempre sentir-se falhadas. Pais imperfeitos, mas bondosos, prestam um enorme serviço aos filhos: preparam-nos para o mundo como ele é. Com amor, boa vontade e imensos erros, preparam-nos para a única vida que provavelmente terão: profundamente imperfeita, *mas suficientemente boa*.

Créditos das imagens

pág. 13 Ferdinand Hodler, *Mãe e Filha*, 1888. Painters/Alamy Stock Photo.

pág. 28 Albrecht Dürer, *Estudo de Três Mãos*, c. 1490–1494. Caneta e tinta sobre papel, 27 cm × 18 cm. Graphische Sammlung Albertina, Viena, Áustria. Imagens AKG.

pág. 29 William Eggleston, *Sem título*, c. 1983–1986. Impressão pigmentada. © Eggleston Artistic Trust. Cortesia Eggleston Artistic Trust e David Zwirner.

pág. 31 Retro AdArchives/Alamy Stock Photo.

pág. 33 William Eggleston, *Sem título*, 197–1974. Impressão por sublimação de tinta. © Eggleston Artistic Trust. Cortesia Eggleston Artistic Trust e David Zwirner.

pág. 36 Giovanni Bellini, *Madona do Prado*, 1505. Óleo sobre tela, transferido de madeira, 67 cm × 86 cm. Galeria Nacional, Londres, Inglaterra/ Wikimedia Commons.

pág. 36 Estátua de Guanyin, China, Dinastia Song do Norte, *c.* 1025. Madeira, vestígios de pigmento. Honolulu Museum of Art, Honolulu, Havai/ Wikimedia Commons (CC BY-SA 2.5).

pág. 39 Chronicle/Alamy Stock Photo.

pág. 41 Jean-Baptiste-Siméon Chardin, *A Enfermeira Atenciosa* ou *A Nutrição da Convalescença*, 1747. Óleo sobre tela, 46 cm × 37 cm. Galeria Nacional de Arte, Washington, D.C., EUA. Samuel H. Kress Collection/ Wikimedia Commons.

pág. 54 Retro AdArchives/Alamy Stock Photo.

pág. 55 Neil Baylis/Alamy Stock Photo.

pág. 59 Ferdinand Hodler, *Retrato de Louise Delphine Duchosal*, 1885. Óleo sobre tela, 55 cm × 46 cm. Kunsthaus Zurich, Zurique, Suíça/ Wikimedia Commons.

pág. 64 Art Rickerby/Getty Images.

pág. 65 John Constable, *Cabana num Milheiral*, 1817. Óleo sobre tela, 31,5 cm × 26,3 cm. National Museum Wales, País de Gales. Adquirido: 1978; Compra; com a ajuda do Art Fund. Heritage Image Partnership Ltd/Alamy Stock Photo.

pág. 66 Eugène Delacroix, *As Mulheres de Argel*, 1834. Óleo sobre tela, 180 cm × 229 cm. Museu do Louvre, Paris, França/Wikimedia Commons.

pág. 70 Les Archives Digitales/Alamy Stock Photo.

pág. 71 Artokoloro/Alamy Stock Photo.

pág. 73 Fotografia de albúmen *post-mortem* de uma criança; Britânico, 1868. Papel fotográfico, 10,1 cm × 6,3 cm. Victoria and Albert Museum, Londres, Inglaterra.

pág. 80 Albert Robida, *Saindo da Ópera no Ano 2000*, 1902. Litografia, 31,2 cm × 48,5 cm. Library of Congress/Wikimedia Commons.

pág. 81 J. Xaudaro, Ilustração de *The Perils of Flight*, 1911/domínio público.

pág. 82t INTERFOTO/Alamy Stock Photo.

pág. 82m Pictorial Press Ltd/Alamy Stock Photo.

pág. 82b PureStock/Alamy Stock Photo.

pág. 84 Little Tommy Tittlemouse, ursinho de pelúcia, Alemanha, *c.* 1908. Pelúcia mohair recheada e costurada. Victoria and Albert Museum, Londres, Inglaterra. Oferecido por J.H.B. Gowan.

pág. 116 Judith Kerr, ilustração para *The Tiger Who Came to Tea*, 1968. Imagem © Kerr-Kneale Productions Ltd 1968. Reproduzido com permissão de HarperCollins Publishers Ltd.

pág. 125 Angelica Kauffman, *Cornélia, Mãe dos Gracos, Apontando para os Seus Filhos como Seus Tesouros*, *c.* 1785. Óleo sobre tela,

101,6 centímetros × 127 centímetros. Virginia Museum of Fine Arts, Richmond, EUA/Wikimedia Commons.

pág. 126 Laurent de La Hyre, *Cornélia Rejeita a Coroa dos Ptolomeus*, 1646. Óleo sobre tela, 138 cm × 123 cm. Szépművészeti Múzeum, Budapeste, Hungria/Wikimedia Commons.

The School of Life é uma organização global que ajuda as pessoas a viver uma existência mais realizada. É um recurso para nos ajudar a nos compreendermos a nós mesmos, para melhorar as nossas relações, as nossas carreiras e as nossas vidas sociais — assim como para nos ajudar a encontrar calma e a aproveitar melhor as nossas horas de lazer. Saiba mais em www.theschooloflife.com.